INTRODUCTION

パクチーに恋をしたら、
パクチー愛に溢れるレシピができました。

パクチーは好き嫌いがはっきりした野菜です。
そのせいか、好きな人には熱狂的に愛されている野菜でもあります。
独特の風味とやみつきになる味に、不思議とハマってしまう方も多く、僕
もその一人です。はじめて食べたときの感動が忘れられず、飲食店でパク
チーをみつけるたびにワクワクしたりドキドキしたりと、まるで恋をして
いるように魅了されていきました。そして、「パクチーってどんな料理に
合うんだろう」の好奇心から、この本ができました。

タイやベトナムなどのアジアで多く食べられているパクチーは、エスニッ
ク料理のイメージがありますが、和食や洋食とも合います。本書ではトッ
ピングする以外にも「混ぜたり、焼いたり、漬けたり、煮込んだり」とい
ろいろな調理法を紹介しています。おにぎりに混ぜ合わせたり、パスタと
一緒に絡めたり、ハンバーグに練り込んだりと、根っこから葉っぱまで余
すことなく使えるのもパクチーの特徴です。さらに、パクチーはデトック
ス効果や美肌効果が期待できると、栄養の面でも注目を集めています。

レシピにはパクチーの使用量を記載していますが、たくさん食べたいとき
には増やしたり、たまには控えめにしたりと、気負わずにその日の気分で
料理を楽しんでもらえたらうれしいです。また、パクチーを手にした際は
この本を開いて、ナンプラーや油で本がベトベトになるまで使っていただ
けたら本望です。みなさまの食卓が素敵なパクチー料理で溢れますように。

ABOUT PHAK CHI

＊本書では1株（根・茎・葉を含む）＝9〜10gのパクチー（上記参照）を基準にレシピを紹介しています。
＊パクチーは種類や個体差によって風味や味が異なりますので、お好みで増減してください。
＊パクチーの根はしっかりと洗って、水気をきってからお使いください。
＊パクチーの保存方法　①少ない場合：濡らしたキッチンペーパーをパクチーに巻いてチャック付き保存袋に入れ、冷蔵庫で保存してください。
②多い場合：パクチーを洗って保存容器に根が浸かる程度（1cmほど）の水をはり、フタをして冷蔵庫で保存。1日ごとに水を換えてください。

パクチーの3大効果

美肌効果

パクチーには肌に良いと言われているビタミンB1、B2、C、E、体内でビタミンAに変わるβカロテンが含まれています。特にビタミンCは皮膚の粘膜を健康に保ち、コラーゲンの生成や鉄分の吸収を助ける働きがあります。また、たんぱく質が豊富に含まれる食材とビタミンCを一緒に摂取すると、コラーゲンの生成がさらに向上することが期待できるので、鶏肉や玉子などのたんぱく質とパクチーを一緒に摂取する食べ方はおすすめです。肌に良いと言われるビタミンをこれだけ含んでいる野菜はめずらしいです。

デトックス効果

パクチーにはデトックス効果があると期待されています。デトックスとは、体内に溜まった有害物質や老廃物を体の外に出すことです。私たちは日々の生活の中で、様々な有害物質を体内に取り込んでいます。これらが体内に蓄積されると血流が悪くなり、ニキビやクマなどの肌のトラブルやフケが増えるなど頭皮のトラブルも引き起こします。それらを引き起こさないために、デトックスが注目されています。パクチーにはイオウ化合物（硫化アリル）が含まれています。イオウ化合物は体内の有害物質と結び付き、有害物質を体外に出すキレート作用を持っています。キレートとはギリシャ語でカニのハサミを意味します。イオウ化合物は体内にある有害物質をカニのハサミのようにはさみ、体の外へ追い出す役割を担っているので、それを含むパクチーはデトックスに効果的とされています。

老化防止効果

パクチーには抗酸化作用があると期待されています。抗酸化作用とは、活性酸素を抑える働きのことです。活性酸素が体内に増えると老化の原因になります。年齢による活性酸素を抑える働きの衰え、ストレス、紫外線、喫煙などで増えていきます。パクチーに含まれているビタミンC、Eは活性酸素の働きを抑えることができます。ビタミンCは水溶性ビタミンなので、水に溶け出してしまうため、生のまま食べるのがおすすめです。ビタミンEは脂溶性ビタミンといって油と一緒に摂取するとより有効な働きをするので、ビタミンCとEをうまく摂取できるよう、本書では生パクチーにオリーブオイル入りのドレッシングなどをかけて食べるレシピも紹介しています。

CONTENTS

	3	INTRODUCTION
	4	ABOUT PHAK CHI

Menu 01　RICE

10	パクチーガパオライス
12	アジとパクチーのレモンライス
14	サーモンとアボカドのタルタルパクチーライス
16	台湾風パクチー魯肉飯
18	無花果のスイーツパクチーカレー
20	牡蠣とパクチーの炊き込みごはん
22	味玉バクダンパクチーおにぎり
24	梅肉とじゃこのパクチーおにぎり
24	鮭とごまのパクチーおにぎり
24	明太子と高菜のパクチーおにぎり
26	パクチー焼きおにぎり
27	パクチー卵黄しょうゆ漬けにぎり
28	ハワイ風ポキのパクチー手まり寿司
28	いくらとパクチーしょうゆの手まり寿司

Dressing

30	パクチーしょうゆ
30	パクチー塩ドレッシング
31	アップルオニオンパクチードレッシング
31	スイートチリパクチードレッシング
32	パクチージェノバ風ソース
32	パクチートマトソース

Menu 02　BREAD

34	ラタトゥイユチキンのパクチーバインミー
36	パクチーレバーパテのバインミー
38	塩サバのパクチーバインミー
40	レモングラスポークとキャロットラペのパクチーサンド
42	タンドリーチキンとクミンエッグのパクチーサンド

Menu 03	**NOODLE**	46	パクチー肉みそ焼きそば
		48	薬膳汁なしパクチー混ぜ麺
		50	海鮮の辛みそパクチーはるさめ炒め
		52	パクチーカオソーイ
		54	スパイシーパクチーカルボナーラ
		56	ベーコンとパクチーのレモンクリームパスタ
		56	ウニとパクチーのライム香るパスタ
		58	牛しゃぶとトマトの冷製パクチーパスタ
		60	すだちとパクチーのベトナム風うどん
		61	パクチー柚子ざるそば
		62	イカ明太パクチービビン麺

Menu 04	**NABE**	64	サムゲタン風パクチースープ
		66	サンラータンのパクチー水餃子
		68	タイスキ風レモンパクチー鍋
		70	オニオンすき焼きパクチー鍋

Menu 05	**SALAD**	74	蒸し鶏とパクチーの中華風サラダ
		76	パクチーヤムウンセン
		78	かぼちゃとパクチーのゴルゴンゾーラサラダ
		80	パクチーハッシュドブラウンポテト
		82	いぶりがっことパクチーのポテトサラダ
		83	パクチー黒酢ねばねばサラダ
		84	キャロットとオレンジのパクチーサラダ
		85	ブリとパクチーのセビーチェ
		86	パクチーとクレソンのサラダ

Menu 06	**SIDE DISH**	88	牛たたきのオニオンパクチーぽん酢漬け
		90	ハーブたっぷりパクチー餃子
		92	パクチースコッチ半熟エッグ
		94	ヤンニョムパクチーチキン
		96	パクチーエビパン
		98	牡蠣とブルーチーズのパクチーグラタン
		100	あさりとパクチーのナンプラー酒蒸し
		101	カブとパクチーのオイルサーディン
		102	ゴーヤのパクチー肉詰め

Menu 07	PASTE ARRANGE	104	パクチードライグリーンカレー
		106	パクチーハンバーグ　〜グリーンカレー煮込み〜
		108	パクチーロールキャベツ　〜ココナッツミルクソース〜
		110	パクチーグリーンカレースープ　〜パイ包み〜
		112	トムヤムパクチーつくね焼き
		114	トクヤムクン風パクチー冷麺
		116	トムヤムクンパクチーホルモン鍋
		118	トムヤムクンパクチー粥

Menu 08	DESSERT&DRINK	120	パクチーレアチーズケーキ　キウイソース
		122	パクチーアイスクリーム　ベリーソース
		123	くるみとココナッツのパクチースコーン
		124	パクチージンジャーレモンスカッシュ
		126	パクチーグリーンスムージー
		126	パクチーパープルスムージー

本書の使い方

・小さじ1は5ml、大さじは15mlです。
・バターは無塩バターを使用しています。
・オリーブオイルは、エキストラバージンオリーブオイルを使用しています。
・少量の調味料の分量は「少々」としています。親指と人差し指でつまんだ量です。
・適量はちょうどよい分量を、お好みで加減してください。
・この本ではオーブンレンジを使用しています。機種やメーカーによって、温度、加熱時間が変わりますので、
　表記の時間は目安にして、様子をみながら調整してください。
・フライパンは、フッ素樹脂加工のものを使用しております。
・材料表にある「チキンスープ」は市販の鶏がらスープの素（顆粒）を使っています。
・材料表にある「和風出汁」は市販の和風出汁（顆粒）を使っています。
・保存容器をお使いの際には必ず清潔なものをお使いください。

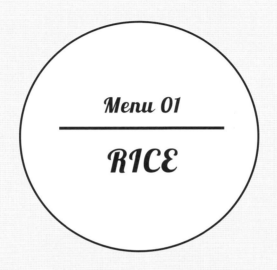

忙しい朝にサクッと作れるおにぎり。
ホームパーティーにうれしい手まり寿司。
おかずがなくても満足な丼ぶりなど
ごはんとパクチーがしっかりと楽しめる料理。

Phak Chi "Pad Ga Prao" Rice
パクチーガパオライス

タイ料理定番のガパオに
パクチーの根っこで爽やかな風味をプラス。

材料　2人前

ごはん（温）	360g
鶏ひき肉	150g
パクチー（根・茎・葉）	3株
バジル（葉）	4枚
玉ねぎ	1/2個（100g）
赤パプリカ	1/3個（50g）
にんにく	1片（6g）
ごま油	小さじ2
酒	小さじ2
A ナンプラー	小さじ2
オイスターソース	小さじ2
豆板醤	小さじ1/2
上白糖	小さじ1/2
目玉焼き	2個

1　パクチー（茎・葉）は2cm幅に切る。赤パプリカは1cm角に切る。パクチー（根）、玉ねぎ、にんにくはみじん切りにする。バジルは手で5等分を目安にちぎる。

2　フライパンにごま油をひき、弱火でにんにくを炒め、香りがたってきたら中火で玉ねぎとパクチー（根）を炒める。玉ねぎがしんなりとしたら、鶏肉と酒を入れて、ヘラなどでほぐしながら鶏肉がそぼろ状になるまで炒める。

3　**2**に赤パプリカと**A**を入れ、汁気がなくなるまで中火で炒めたら、火を止めてバジルを入れ、さっと混ぜる。

4　器にごはんを盛り、**3**、目玉焼き、パクチー（茎・葉）をのせる。

・辛いのが好きな方は豆板醤を多めに入れるとさらに美味しくいただけます。

Horse Mackerel & Phak Chi Mix Lemon Rice
アジとパクチーのレモンライス

アジの旨みを生かしながらレモンでさっぱり。
薬味たっぷりで夏にもおすすめ。

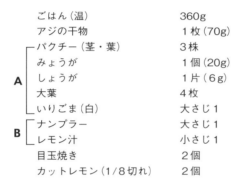

材料　2人前

	ごはん（温）	360g
	アジの干物	1枚（70g）
A	パクチー（茎・葉）	3株
	みょうが	1個（20g）
	しょうが	1片（6g）
	大葉	4枚
	いりごま（白）	大さじ1
B	ナンプラー	大さじ1
	レモン汁	小さじ1
	目玉焼き	2個
	カットレモン（1/8切れ）	2個

1　魚焼きグリルを熱し、中火でアジの皮面が下になるように入れる。5分ほど焼いたらひっくり返し、さらに5分ほど焼いて骨と皮を取りのぞく。

2　パクチー、みょうが、しょうがはみじん切りにする。大葉は2mm幅の千切りにする。

3　ボウルにごはん、1、**A**を入れ、しゃもじで切るように混ぜ合わせ、**B**で味付けをする。

4　**3**を器に盛り、目玉焼き、カットレモンをのせる。

Phak Chi Salmon & Avocado Tartare Rice
サーモンとアボカドのタルタルパクチーライス

カリフラワーとクリームチーズで作った
パクチータルタルソースでヘルシー。

材料　2人前

ごはん（温）	360g
サーモン（刺身用）	8切れ
アボカド	1個
レタス	2枚
パクチータルタルソース（下記参照）	適量
きざみ海苔	適量

1　アボカドは5mm幅に切る。レタスは食べやすいサイズに切る。

2　器にごはんを盛り、サーモン、アボカド、レタス、タルタルソース、きざみ海苔を
　　のせる。

パクチータルタルソースの作り方

材料（2人前）

カリフラワー	1/4個（100g）
パクチー（茎・葉）	3株
クリームチーズ	大さじ3
ヨーグルト	大さじ2
しょうゆ	小さじ2
レモン汁	小さじ1
粗挽き黒こしょう	少々

1　カリフラワーは茎をのぞいて小房に分ける。2ℓの沸騰した
　　お湯に塩小さじ1（分量外）を入れ、1分ほどゆでてザルにあ
　　げる。粗熱がとれたら粗みじん切りにする。

2　クリームチーズは常温に戻す。パクチーはみじん切りにする。

3　ボウルにすべての材料を入れ、混ぜ合わせる。

Phak Chi Rich Taiwanese Pork Rice
台湾風パクチー魯肉飯
ルーローハン

台湾の屋台飯をパクチーと一緒に。
八角と五香粉の味が染み込んだ豚肉がやみつきに。
ウーシャンフェン

材料　2人前

ごはん（温）	360g
豚バラ塊肉	300g
しいたけ	4個
パクチー（根・茎・葉）	4株
ごま油	小さじ2
A ┌ 水	400ml
├ しょうゆ	大さじ4
├ 紹興酒（酒でも可）	大さじ3
├ 三温糖（上白糖でも可）	大さじ2
├ オイスターソース	大さじ1
└ 八角	1個
B ┌ ごま油	小さじ2
└ 五香粉	小さじ1/2
高菜（油漬け）	適量

1　豚バラ塊肉を1.5cm厚に切る。しいたけはヘタを切り落とし、表面に十字の切れ目を入れる。パクチーは根を残し、茎と葉を2cm幅に切る。

2　ホーロー鍋にごま油をひき、豚肉を入れ、中火で両面にうっすらと焼き目がつくまで炒めたら、**A**、しいたけ、パクチー（根）をまるごと入れ、沸騰寸前で弱火にし、フタをして30分ほど煮込む。

3　途中でフタを開け、軽く具材を混ぜ合わる。水分が少なく、煮詰まるようであれば水（分量外）を加えて調整する。

4　30分ほど経ったら**B**を入れ、フタをしてさらに15分ほど煮込む。

5　器にごはんを盛り、高菜、**4**、パクチー（茎・葉）をのせる。

パクチーmemo

・盛り付けの際、煮汁を少しごはんにかけると、さらに美味しくいただけます。

Phak Chi & Fig-Sweet Curry
無花果のスイーツパクチーカレー

無花果とカレーの意外な組み合わせ。
甘辛スパイスにパクチーがマッチ。

材料　2人前

ごはん（温）	360g
牛豚あいびき肉	200g
無花果	1個（100g）
パクチー（根・茎・葉）	3株
玉ねぎ	3/4個（150g）
にんにく	1片（6g）
オリーブオイル	小さじ2
A ┌ ケチャップ	大さじ3
├ カレー粉	大さじ1
├ ウスターソース	小さじ1
└ オイスターソース	小さじ1

1　無花果の皮をむき、フォークでペースト状につぶす。パクチー（茎・葉）は1cm幅に切る。パクチー（根）、玉ねぎ、にんにくはみじん切りにする。

2　フライパンにオリーブオイルをひき、弱火でにんにくを炒め、香りがたってきたら、玉ねぎとパクチー（根）をまるごと入れ、玉ねぎが薄茶色になるまで中火で炒める。

3　2にあいびき肉を入れて中火で炒め、火が通ったら**A**を入れてよく混ぜ合わせる。弱火にし、無花果を入れて汁気がなくなるまで煮詰める。火を止め、余熱で火を通しながらパクチー（茎・葉）を混ぜ合わせる。

4　器の上にごはん、**3**をのせる。

パクチーmemo

- セルクル（底のない円柱状の型）に入れて型を作るとキレイに仕上がります。本書では直径12cmのものを使用しています。

Phak Chi & Oyster Mixed Rice
牡蠣とパクチーの炊き込みごはん

贅沢な牡蠣のエキスに
パクチーの根っこと和風の旨みが広がる。

材料　2人前

米	2合
牡蠣（加熱用）	250g
パクチー（根・茎・葉）	4株
しいたけ	3個
ごま油	小さじ1
A［しょうゆ	大さじ2
酒	大さじ2
オイスターソース］	大さじ1
和風出汁	400ml
塩	小さじ1/3
花山椒（粉山椒でも可）	適量

1 米は水でしっかりと洗い、ザルに30分ほどあげる。牡蠣は片栗粉大さじ1（分量外）で優しく揉み込み、水で汚れを落としてキッチンペーパーで水気をふく。パクチーは根を残し、茎と葉を2cm幅に切る。しいたけは1mm幅の薄切りにする。

2 フライパンにごま油をひき、中火で牡蠣を30秒ほど炒め、**A**と出汁（100ml）を入れて弱火で4分ほど温める。火を止め、ザルでこして牡蠣と煮汁に分ける。残りの出汁（300ml）と煮汁を足して400mlになるよう水（分量外）で調整する。

3 ホーロー鍋（または土鍋など）に米、出汁、塩、しいたけ、パクチー（根）をまるごと入れ、フタをして中火で沸騰するまで温める。沸騰したら、ごく弱火で13分ほど炊いて火を止める。フタをあけ、**2**の牡蠣を入れてフタをして15分ほど蒸す。

4 3にパクチー（茎・葉）を盛り、食べる直前に花山椒をふりかける。

- 炊飯器で炊き込みをする場合、**2**の工程で水を足す際は炊飯器の2合線まで入れる。

"Bomb Style" Seasoned Egg & Phak Chi in Onigiri
味玉バクダンパクチーおにぎり

山椒のピリ辛がアクセントに。
味玉入りで食べ応えバツグン。

材料　2個分

ごはん（温）	300g
ツナ缶（オイル漬け）	1缶（70g）
パクチー（茎・葉）	3株
しょうが	1片（6g）
A ┌ かつお節	2g
しょうゆ	大さじ1
いりごま（白）	大さじ1
└ 花山椒（粉山椒でも可）	小さじ1/4
海苔（全型）	2枚
味付け玉子（下記参照）	2個

1　ツナ缶は余分な油をきる。パクチー、しょうがはみじん切りにする。

2　ボウルにごはん、1、Aを入れ、しっかりと混ぜ合わせ、2等分する。

3　ラップの上に海苔、2、味付け玉子の順にのせ、丸型に握る。
　型をととのえたらラップを取り、横半分に切って器にのせる。

味付け玉子の作り方

材料　（2個分）

卵	2個
A ┌ 麺つゆ	50ml
水	大さじ2
└ 八角	1個（なくても可）

1　卵を常温に戻しておく。

2　2ℓほどのお湯を沸かし、塩小さじ1（分量外）を入れて卵をやさしく入れる。

3　6分半～7分ほど弱火にかけて、トングなどで取り出し、ボウルにはった氷水で5分ほど冷やして殻をむく。

4　チャック付き保存袋に3、Aを入れ、冷蔵庫で味が染み込むまで8時間ほど漬ける。

Sour Plum, Baby Fish & Phak Chi Onigiri

梅肉とじゃこの
パクチーおにぎり

🌿 🌿 🌿 🌿

定番の具材にナンプラーと
レモン汁でエスニック風に。

材料　4個分

ごはん（温）		400g
梅干し		4個
パクチー（茎・葉）		4株
A	ちりめんじゃこ	20g
	ナンプラー	大さじ1
	レモン汁	大さじ1
海苔		適量

1 梅干しは梅肉とタネに分ける。梅肉とパクチーはみじん切りにする。

2 ボウルにごはん、1、Aを入れ、しっかりと混ぜ合わせ、4等分する。三角型に握って海苔を巻く。

Salmon, Sesame & Phak Chi Onigiri

鮭とごまの
パクチーおにぎり

🌿 🌿 🌿 🌿

すりごまの香ばしさと
コチュジャンの甘辛さがポイント。

材料　4個分

ごはん（温）		400g
塩鮭（甘口か中辛）		1/4切れ（20g）
パクチー（茎・葉）		4株
A	すりごま（白）	小さじ2
	マヨネーズ	小さじ2
	コチュジャン	小さじ1/2
いりごま（白）		適量

1 魚焼きグリルを熱し、中火で塩鮭を7分ほど焼く。温かいうちに骨と皮を取りのぞいて粗めにほぐす。

2 パクチーはみじん切りにしてボウルに入れ、1、Aを加えて混ぜ合わせる。

3 4等分したごはんを三角型に握る。おにぎりの側面にいりごまをまぶして2をのせる。

Spicy Cod Roe, Takana & Phak Chi Onigiri

明太子と高菜の
パクチーおにぎり

🌿 🌿 🌿

明太子とパクチーの
相性のよさを感じられるおにぎり。

材料　4個分

ごはん（温）	400g
明太子	1腹（20g）
高菜（油漬け）	10g
パクチー（茎・葉）	3株
パクチーしょうゆ	小さじ1
（P30参照）	
とろろ昆布	適量

1 明太子は薄皮をむいてほぐす。高菜、パクチーはみじん切りにする。

2 ボウルに1とパクチーしょうゆを入れて混ぜ合わせる。

3 4等分したごはんを三角型に握る。おにぎりの側面にとろろ昆布をまぶして2をのせる。

Phak Chi
Miso Grilled Onigiri
パクチー焼きおにぎり

しょうゆバターで焼いたおにぎりに
パクチーみその濃厚な味わいをプラス。

材料　4個分

ごはん（温）	400g
ごま油	小さじ2
しょうゆ	大さじ1
バター	20g
パクチー（茎・葉）	3株
A ┌ みそ	大さじ2
├ いりごま（白）	大さじ1
├ みりん	大さじ1
└ 粉唐辛子	小さじ1/2

1　ごはんを4等分し、三角型に握る。

2　フライパンにごま油をひき、1を弱火で焦げ目がつくまで焼いたらひっくり返し、上面にハケでしょうゆを塗り、スプーンなどでバターを塗る。この工程を2回繰り返す。

3　パクチーはみじん切りにしてボウルに入れ、Aと一緒に混ぜ合わせる。

4　2の表面に3をディップする。

Phak Chi
Marinated Egg Yolk Nigiri

パクチー卵黄
しょうゆ漬けにぎり

1日漬け込んだ卵黄の贅沢な美味しさ。
白いごはんと一緒にシンプルに。

材料　3個分

ごはん（温）	90g
パクチー卵黄しょうゆ漬け	3個
（右記参照）	
海苔	適量

パクチ memo
- 新鮮な卵をお使いください。
- パクチー卵黄しょうゆ漬けは
  冷蔵保存で3日間ほど日持ちします。

1　ごはんを3等分し、円柱型にととのえて真ん中にくぼみを作る。

2　パクチー卵黄しょうゆ漬けを真ん中にのせ、ごはんの側面を海苔で巻く。

パクチー卵黄しょうゆ漬け（作りやすい量）

材料　卵（Mサイズ）　　6個
　　　パクチーしょうゆ　200ml
　　　（P30参照）

1　卵を割り、卵黄だけを取り出して保存容器に入れる。

2　1にパクチーしょうゆを入れ、1日間冷蔵庫で漬ける。

Hawaiian Poké & Phak Chi "Temari" Sushi

ハワイ風ポキの パクチー手まり寿司

ピリ辛く漬け込んだマグロと
パクチー酢飯でさっぱりとした味わい。

材料　6個分

パクチー酢飯（右記参照）	6個分
マグロ（刺身用）	6切れ
パクチー（茎・葉）	2株
玉ねぎ	20g
A しょうゆ	大さじ2
みりん	大さじ1
ごま油	大さじ1
ラー油	小さじ1
しょうが（すりおろし）	1/2片分（3g）

1. パクチーと玉ねぎをみじん切りにし、チャック付き保存袋にAと一緒に入れる。
2. 1にマグロを入れて軽く混ぜ合わせ、冷蔵庫で味が染み込むまで20分ほど漬け込む。
3. パクチー酢飯を6等分する。ラップの上にマグロ、パクチー酢飯の順にのせて丸く握る。型をととのえてラップを取り、器にのせる。

- マグロは2時間ほど漬け込むと、味がさらに染み込んで美味しくいただけます。

Phak Chi Soy Salmon Roe "Temari" Sushi

いくらとパクチーしょうゆの 手まり寿司

いくらの甘みと粒々の食感が
パクチーしょうゆで引き立つ一品。

材料　6個分

パクチー酢飯（下記参照）	6個分
いくら	30g
きゅうり	1/2本
パクチーしょうゆ（P30参照）	適量

1. パクチー酢飯を6等分し、丸く握る。
2. きゅうりはピーラーで6枚にスライスする。
3. 1の側面を2で巻き、真ん中にいくらを盛る。
4. 器にのせ、パクチーしょうゆをたらす。

パクチー酢飯の作り方

材料（6個分）

ごはん（温）	180g
パクチー（茎・葉）	1株
A 酢	小さじ2
上白糖	小さじ1/2
塩	小さじ1/4

1. パクチーはみじん切りにし、ボウルにAと一緒に入れて混ぜ合わせる。
2. 別のボウルにごはんを入れて、1をまわし入れ、うちわなどで扇ぎながらしゃもじで切るように混ぜる。

Dressing 01
Phak Chi Soy Marinade

パクチーしょうゆ

爽やかな風味の万能調味料として
いろいろな料理で大活躍。

材料（作りやすい量）

パクチー（根・茎・葉）	5株
にんにく	3片（18g）
しょうゆ	200ml
ごま油	30ml
みりん	20ml

1. パクチーは根を残し、茎と葉をみじん切りにする。にんにくは縦半分に切り、芽を取りのぞいて約1mmの薄切りにする。
2. ボウルなどで材料をすべて混ぜ合わせ、保存瓶に入れる。

memo
・冷蔵庫で1ヶ月ほど保存可能です。
・お好みでスライスしたしょうがを足すのもおすすめです。

Dressing 02
Phak Chi Salt Dressing

パクチー塩ドレッシング

塩とパクチーのさっぱりとした味わい。
和風や中華風サラダにおすすめ。

材料（作りやすい量）

パクチー（根・茎・葉）	5株
白ねぎ	4cm（20g）
ごま油	70ml
酢	40ml
サラダ油	30ml
紹興酒（なしでも可）	大さじ1
いりごま（白）	大さじ1
塩	小さじ1
鶏がらスープの素（顆粒）	小さじ1/2

1. パクチーは根を残し、茎と葉をみじん切りにする。白ねぎはみじん切りにする。
2. ボウルなどで材料をすべて混ぜ合わせ、保存瓶に入れる。

memo
・冷蔵庫で1週間ほど保存可能です。

Dressing 03

Apple, Onion & Phak Chi Dressing

アップルオニオン パクチードレッシング

パクチーの風味とりんごと玉ねぎの
甘さが引き立つノンオイルドレッシング。

材料（作りやすい量）

りんご	2/3個（160g）
玉ねぎ	3/4個（150g）
パクチー（茎・葉）	1株
りんご酢（酢でも可）	50ml
水	50ml
しょうゆ	大さじ2
レモン汁	大さじ1
はちみつ	大さじ1

1 りんごは皮と種を取りのぞく。玉ねぎは2cm角に切り、5分ほど水にさらして水気をきる。パクチーは4cm幅に切る。

2 材料をすべてフードプロセッサーに入れ、なめらかになるまで45秒ほど攪拌し、保存瓶に入れる。

memo
・冷蔵庫で1週間ほど保存可能です。
・柑橘類、レタス、トマトを使うサラダにおすすめです。

Dressing 04

Sweet Chili & Phak Chi Dressing

スイートチリ パクチードレッシング

これさえあれば一気にエスニック風に。
カルパッチョのソースにも。

材料（作りやすい量）

パクチー（茎・葉）	5株
サラダ油	80ml
スイートチリソース	70ml
ナンプラー	10ml
ライム汁	大さじ2

1 パクチーは4cm幅に切る。

2 材料をすべてフードプロセッサーに入れ、なめらかになるまで30秒ほど攪拌し、保存瓶に入れる。

memo
・冷蔵庫で1週間ほど保存可能です。

Dressing 05
Phak Chi Gienovese Sauce

パクチージェノバ風ソース

幅広く応用できるソース。
パスタや炒め物のソースにも。

材料（作りやすい量）

パクチー（茎・葉）	8株
アンチョビ	2本
にんにく	1/2片（3g）
パルメザンチーズ（粉）	大さじ2
松の実	20g
オリーブオイル	100ml
粗挽き黒こしょう	少々

1　パクチーは4cm幅に切る。
2　材料をすべてフードプロセッサーに入れ、なめらかになるまで45秒ほど撹拌し、保存瓶に入れる。

memo
・冷蔵庫で5日間ほど保存可能です。

Dressing 06
Phak Chi Tomato Sauce

パクチートマトソース

旨みたっぷりのトマトソースにパクチーを。
スープや煮込み料理にも。

材料（作りやすい量）

	パクチー（茎・葉）	10株
	玉ねぎ	1と1/2個（300g）
A	にんじん	1本（150g）
	セロリ	1/2本（50g）
	にんにく	2片（12g）
	オリーブオイル	大さじ4
	トマト缶	2缶（800g）
	水	100ml
	塩	小さじ1/2

1　パクチー、玉ねぎ、Aは5mm幅、にんにくは1mm幅のみじん切りにする。鍋にオリーブオイル大さじ2を入れ、弱火でにんにくを炒める。香りがたってきたら、玉ねぎを入れてしんなりするまで中火で炒め、Aを入れて10分ほど弱火で野菜が焦げないようヘラで混ぜながら炒める。
2　1にトマト缶、水、パクチーを入れ、フードプロセッサーでなめらかになるまで45秒ほど撹拌する。
3　鍋に2を入れ、中火で10分ほどヘラで混ぜながら2/3の量になるまで煮詰める。途中で塩を入れて味をととのえ、煮詰め終わった後、残りのオリーブオイルを入れる。

memo
・冷蔵庫で1週間、冷凍庫で1ヶ月ほど保存可能です。

肉、魚、野菜もバランスよく食べることができる
ボリュームたっぷりのごちそうサンドイッチ。
ベトナム風サンドイッチ、バインミーを中心にご紹介します。
休日の朝ごはんやお昼ごはん、お弁当にもおすすめ。

Phak Chi Ratatouille "Bánh mì"
ラタトゥイユチキンのパクチーバインミー

パクチートマトソースを使った
ラタトゥイユ風のごちそうサンド。

材料　2人前

バゲット（バタールでも可）	2本（各12cm）
ラタトゥイユチキン（下記参照）	適量
レタス	2枚
パクチー（茎・葉）	3株

1　バゲットは横に切れ目を入れる。レタスは食べやすいサイズに切る。パクチーは2cm幅に切る。

2　バゲットにレタス、ラタトゥイユチキン、パクチーをはさむ。

ラタトゥイユチキンの作り方

材料 （2人前）

鶏もも肉	200g
塩	小さじ1/4
粗挽き黒こしょう	小さじ1/4
薄力粉	大さじ1
オリーブオイル	大さじ1
ズッキーニ	1/4本（50g）
赤パプリカ	1/3個（50g）
パクチートマトソース	150g
（P32参照）	
ナンプラー	小さじ1

1　鶏もも肉は一口サイズに切り、ボウルに入れて塩、黒こしょうで味付けをし、薄力粉を入れて揉み込む。ズッキーニは5mm幅の輪切りにする。パプリカは5mm角に切る。

2　フライパンにオリーブオイルをひき、中火で鶏もも肉の両面に焼き目がつくまで焼く。焼いている途中にズッキーニとパプリカを入れ、野菜がしんなりとしたら、パクチートマトソースとナンプラーを入れて全体をからめながら炒める。

Phak Chi Liver Pâté "Bánh mì"
パクチーレバーパテのバインミー

和風のレバーパテはマスカルポーネで食べやすく。
なますと一緒にさっぱりと。

材料　2人前

バゲット（バタールでも可）	2本（各12cm）
パクチーレバーパテ（下記参照）	適量
なます（下記参照）	適量
レタス	2枚
パクチー（茎・葉）	3株

1. バゲットは横に切れ目を入れる。レタスは食べやすいサイズに切る。パクチーは2cm幅に切る。

2. バゲットにレタス、なます、パクチーレバーパテ、パクチーをはさむ。

パクチーレバーパテの作り方

材料（2人前）

鶏レバー	150g
パクチー（茎・葉）	2株
玉ねぎ	1/2個（100g）
白ねぎ	4cm（20g）
にんにく	1片（6g）
ごま油	小さじ2

A
赤ワイン	100ml
しょうゆ	大さじ1
みりん	大さじ1

バター	10g
マスカルポーネ	50g
塩	少々
粗挽き黒こしょう	少々

1. 鶏レバーを一口サイズに切る。玉ねぎは5mm角に切る。白ねぎ、にんにくはみじん切りにする。

2. フライパンにごま油をひき、中火で玉ねぎ、白ねぎ、にんにくを炒める。玉ねぎがしんなりとしてきたら、鶏レバーを入れ、表面に火が通ったらAを入れて汁気がなくなるまで煮込む。

3. 2とパクチーをフードプロセッサーにかけ、塩、黒こしょうで味付けをし、温かい状態でバターを入れて溶かし混ぜ、粗熱をとる。粗熱がとれたらマスカルポーネを混ぜ合わせる。

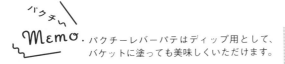

Memo. パクチーレバーパテはディップ用として、バケットに塗っても美味しくいただけます。

なますの作り方

材料（2人前）

大根	100g
にんじん	25g
塩	小さじ1/4
りんご酢	大さじ2
三温糖（上白糖でも可）	小さじ1

1. 大根とにんじんを2mm幅の千切りにして、塩で揉み込み、軽く水洗いをして水気をきる。

2. 耐熱皿にりんご酢と三温糖を混ぜ入れ、ラップをして電子レンジ（500w）に40秒温めてから5分ほど冷ます。そこに1を混ぜ合わせる。

Mackerel & Phak Chi "Bánh mì"
塩サバのパクチーバインミー

トルコ定番のサバサンドにスイートチリと
レモンでエスニック風の味付けに。

材料　2人前

バゲット（バタールでも可）	2本（各12cm）
サバ（切り身）	2切れ（200g）
塩	小さじ1/2
レッドキャベツマリネ（下記参照）	適量
レタス	2枚
スライスレモン	4枚
パクチー（茎・葉）	3株
A［スイートチリソース	大さじ1
レモン汁	小さじ1

1　バゲットは横に切れ目を入れる。レタスは食べやすいサイズに切る。パクチーは2cm幅に切る。

2　サバに塩をふり、20分ほど置き、出てきた水分をキッチンペーパーでふきとる。魚焼きグリルを熱し、中火でサバの皮面が下になるようにして8分ほど焼き、ひっくり返して5分ほど焼く。温かいうちに骨を取りのぞく。

3　バゲットにレタス、レッドキャベツマリネ、2、スライスレモン、パクチーをはさみ、ボウルで混ぜ合わせたAのソースをかける。

パクチーMemo
- レッドキャベツマリネは冷蔵庫で30分ほど漬けるとさらに美味しくいただけます。
- ソースはスイートチリパクチードレッシング（P31参照）でも美味しくいただけます。

レッドキャベツマリネの作り方

材料（2人前）

紫キャベツ	1/6玉（100g）
塩	小さじ1/4
A［りんご酢	大さじ2
オリーブオイル	大さじ1

1　紫キャベツは2mm幅の千切りにし、ボウルに入れて塩をふってよく揉み込む。

2　1で出てきた水気をキッチンペーパーなどでふきとり、Aと混ぜ合わせる。

Lemongrass Pork & Carottes Râpées Phak Chi Sandwich
レモングラスポークとキャロットラペのパクチーサンド

レモングラスが香るポークとパクチーは
濃厚ながらもあっさりとした味わい。

材料　2人前

食パン（4枚切り）	2枚
レモングラスポーク（下記参照）	適量
キャロットラペ（下記参照）	適量
レタス	5枚
パクチー（茎・葉）	3株
目玉焼き	1個

1 レタスは食べやすいサイズに切る。パクチーは3cm幅に切る。

2 食パンの片面にレタス、キャロットラペ、レモングラスポーク、目玉焼き、パクチーを盛り、もう1枚の食パンではさむ。

3 **2**を軽く押しつぶしながら、ラップで全体を覆い、横半分に切る。

レモングラスポークの作り方

材料（2人前）

	豚ロース肉（薄切り）	100g
A	レモングラス（生）	2本
	パクチー（茎・葉）	1株
	オリーブオイル	50ml
	ナンプラー	小さじ1
	にんにく	1片（6g）
	粗挽き黒こしょう	少々

1 豚ロース肉は3cm幅に切る。レモングラスは5mm幅の斜め切りにする。パクチーはみじん切りにする。にんにくはすりおろす。

2 チャック付き保存袋に**A**と豚ロース肉を入れ、冷蔵庫で味が染み込むまで1時間ほど漬ける。

3 フライパンを熱し、**2**をすべて入れ、中火で豚ロース肉の両面に焼き目がつくまで焼く。

キャロットラペの作り方

材料（2人前）

	にんじん	2/3本（100g）
A	りんご酢	大さじ1と1/2
	オリーブオイル	大さじ1
	粒マスタード	小さじ1
	粗挽き黒こしょう	少々

1 にんじんを1mm幅の千切りにしてボウルに入れ、**A**と一緒によく混ぜ合わせる。

Tandoori Chicken & Cumin Egg Phak Chi Sandwich
タンドリーチキンとクミンエッグのパクチーサンド

こんがりと焼いたタンドリーチキンに
クミンが効いたタルタルソースをたっぷりと。

材料　2人前

ベーグル（プレーン）	2個
タンドリーチキン（下記参照）	2枚
クミンエッグ（下記参照）	適量
レタス	2枚
パクチー（茎・葉）	3株

1 ベーグルは横半分に切る。レタスは食べやすいサイズに切る。パクチーは2cm幅に切る。

2 ベーグルにレタス、クミンエッグ、タンドリーチキン、パクチーをはさむ。

タンドリーチキンの作り方

材料（2枚分）

鶏もも肉	200g
A ┌ プレーンヨーグルト	100g
├ はちみつ	小さじ2
├ カレー粉	小さじ2
├ コリアンダーパウダー	小さじ1
├ ナンプラー	小さじ1
└ にんにく	1片（6g）

1 鶏もも肉は2等分する。にんにくはすりおろす。

2 チャック付き保存袋に**A**と鶏もも肉を入れ、よく揉み込み、冷蔵庫で味が染み込むまで30分ほど漬ける。

3 180℃に予熱したオーブンに**2**を入れ、鶏もも肉の表面に焼き色がしっかりつくまで20分ほど焼く。

クミンエッグの作り方

材料（2人前）

ゆで玉子	2個
バター	10g
クミンシード	小さじ1/2
マヨネーズ	大さじ3
粗挽き黒こしょう	少々

1 ゆで玉子の白身はみじん切りにして、卵黄はフォークなどでつぶす。

2 フライパンにバターを入れ、弱火で溶かしクミンシードを入れ、クミンの粒のまわりがフツフツして、香りがたってきたら火を止める。

3 ボウルにマヨネーズ、**1**、**2**を入れてよく混ぜ、黒こしょうで味をととのえる。

世界の麺料理とパクチーのマリアージュ。
定番のパスタから、タイの伝統的な麺料理、
日本おなじみのうどんやそばなど
パクチーとの意外な味わいが楽しめます。
簡単にすませたい夜ご飯や
大切な人と過ごすひとときの料理としても。

Phak Chi Miso Meat Fried Noodles
パクチー肉みそ焼きそば

パクチー肉みその濃い味とあっさり麺がマッチ。
男性にもおすすめのスタミナ麺。

材料　2人前

中華麺（焼きそば用）	2玉（300g）
パクチー肉みそ（下記参照）	適量
白ねぎ	5cm（25g）
パクチー（茎・葉）	2株
ごま油	大さじ1
水	60ml

1 　白ねぎは2mm幅のみじん切りにする。パクチーは2cm幅に切る。

2 　フライパンにごま油をひき、中火で白ねぎを炒める。白ねぎがしんなりとしたら
中華麺をほぐしながら入れ、水を入れて汁気がなくなるまで蒸し焼きにする。

3 　**2**を器に盛り、パクチー肉みそ、パクチーをのせる。

パクチー肉みその作り方

材料（2人前）

豚ひき肉	200g
パクチー（根・茎・葉）	2株
しょうが	1片（6g）
しいたけ	1個
ごま油	小さじ2
A みりん	大さじ1と1/2
しょうゆ	大さじ1
みそ	大さじ1
オイスターソース	大さじ1
コチュジャン	小さじ2

1 　パクチーは根と茎・葉に分けておく。パクチー、しょ
うが、ヘタを切り落としたしいたけは、1mm幅のみじ
ん切りにする。

2 　フライパンにごま油をひき、弱火でしょうがとパクチ
ー（根）を炒める。しょうがの香りがたってきたら、
豚ひき肉としいたけを入れ、ヘラなどでそぼろ状にな
るようほぐしながら中火で炒める。

3 　豚ひき肉に火が入ったら**A**を入れ、汁気がなくなるま
で中火で炒め、パクチー（茎・葉）を混ぜ合わせる。

Medicinal Hotpot Herbal Dry Noodles
薬膳汁なしパクチー混ぜ麺

爽やかなパクチーに八角と粉かつおが味の決め手。
具だくさんでボリューム満点。

材料　2人前

中華麺（生太麺）	2玉（200g）	
豚ひき肉	200g	
パクチー（根・茎・葉）	3株	
しょうが	1片（6g）	
もやし	100g	
ほうれん草	100g	
ごま油	大さじ2	

A
- 酒　　　　　　　　　大さじ2
- オイスターソース　　大さじ1
- みりん　　　　　　　大さじ1
- しょうゆ　　　　　　小さじ2
- 八角　　　　　　　　1個

B
- 麺つゆ（3倍濃縮）　　大さじ2
- ラー油　　　　　　　小さじ2

C
- 花山椒（粉山椒でも可）　小さじ1/3
- 卵黄　　　　　　　　2個分
- 粉かつお（かつお節でも可）　小さじ1

1. パクチー（根）はみじん切りにし、茎、葉は2cm幅に切る。しょうがはみじん切りにする。

2. 鍋にたっぷりのお湯を沸かし、塩少々（分量外）入れ、もやしは30秒ほどゆで、ザルにあげて水気をきる。ほうれん草は根元を1分ほどゆでてから全体を15秒ほどゆで、水で冷やしてザルにあげ、水気をきって、3cm幅に切る。もやしとほうれん草は各々ボウルでごま油（小さじ1）と混ぜる。

3. フライパンにごま油（大さじ1）をひき、弱火でパクチー（根）としょうがを炒め、しょうがの香りがたってきたら豚ひき肉を中火で炒める。豚ひき肉に半分ほど火が入ったら、**A**を入れて汁気が残る程度で火を止める。

4. 中華麺はパッケージの表示通りにゆで、ザルにあげて水気をきり、ボウルで**B**と混ぜ合わせる。

5. 器に中華麺、もやし、ほうれん草、パクチー（茎・葉）、**C**を盛り付け、ごま油（小さじ1）をまわしかける。

- よく混ぜてお召し上がりください。

- 五香粉をふりかけるとより本格的な味わいになります。

Hot Seafood Glass Noodle with Phak Chi
海鮮の辛みそパクチーはるさめ炒め

❧ ❧ ❧

エビやタコとはるさめを濃厚なみその味付けに。
ビールや白いごはんと一緒に。

材料　2人前

はるさめ（乾燥）	80g
エビ（無頭・殻付き）	6尾
タコ（ゆで）	100g
パクチー（根・茎・葉）	3株
にんにくの芽（ニラでも可）	50g
玉ねぎ	1/2個（100g）
しょうが	2片（12g）
ごま油	大さじ2
A ┌ みそ	大さじ2
オイスターソース	大さじ1
しょうゆ	小さじ2
豆板醤	小さじ2
上白糖	小さじ2
└ 水	200ml

1　エビは背わたと殻を取り、片栗粉大さじ1（分量外）を揉み込み、水で洗って水気をきる。タコは一口サイズに切る。しょうがとパクチー（根）はみじん切りにする。パクチー（茎・葉）は2cm幅、にんにくの芽は3cm幅、玉ねぎは2mm幅に切る。

2　フライパンにごま油をひき、弱火でパクチー（根）としょうがを炒め、しょうがの香りがたってきたらエビを入れる。中火でエビの両面に焼き目をつけ、タコ、にんにくの芽、玉ねぎを入れて、野菜がしんなりするまで炒める。

3　ボウルで**A**を混ぜ合わせ、はるさめと一緒に**2**に入れ、フライパンにフタをして、中火で5分ほど汁気がなくなるまで煮込む。

4　器に盛り、パクチー（茎・葉）をのせる。

Phak Chi "Khao Soi"
パクチーカオソーイ

柔らかい麺とパリパリの麺の
2つの食感が味わえるタイ風カレーラーメン。

材料　2人前

中華麺（生細麺）	1玉（120g）
鶏もも肉	200g
ココナッツミルク	1缶（400ml）
パクチー（根・茎・葉）	3株
A ┌ レッドカレーペースト	20g
└ カレー粉	小さじ2
チキンスープ	2カップ
こぶみかんの葉（乾燥）（なくても可）	6枚
B ┌ ナンプラー	大さじ1
└ 三温糖（上白糖でも可）	小さじ2
C ┌ 揚げ麺	20g
│ 紫玉ねぎ（玉ねぎでも可）	1/6個（25g）
│ 高菜（油漬け）	20g
└ カットライム（1/8切れ）	2個

1　鶏もも肉は一口サイズに切る。パクチー（根）はみじん切りにし、茎・葉は2cm幅に切る。紫玉ねぎは1mm幅の薄切りにし、2分ほど水にさらして水気をきる。

2　鍋を熱し、弱火でココナッツミルク（100ml）、パクチー（根）、**A**を入れ、レッドカレーペーストが溶けるまでヘラなどで混ぜながら温める。

3　2に鶏もも肉を入れて表面に火が通るまで温め、ココナッツミルク（300ml）、チキンスープ、こぶみかんの葉を入れ、弱火で10分ほど煮込んだら、**B**を入れて味をととのえる。

4　中華麺はパッケージの表示通りにゆで、器に中華麺と**3**を入れて**C**、パクチー（茎・葉）を盛る。

- 鶏もも肉を唐揚げにしてのせても美味しくいただけます。

- こぶみかんの葉はライムリーフやバイマックルとして市販されていることもあります。

Pasta "Spicy-Phak Chi" Carbonara
スパイシーパクチーカルボナーラ

人気のカルボナーラをスパイシーに。
パクチーに合う旨辛さが絶妙。

材料　2人前

パスタ（乾麺）	160g		生クリーム	100ml
豚バラ塊肉	100g		卵	2個
パクチー（根・茎・葉）	2株	A	パルメザンチーズ（粉）	大さじ1
にんにく	1片（6g）		コチュジャン	大さじ1
ごま油	大さじ1		みそ	小さじ2
粗挽き黒こしょう	小さじ1/4		ポーチドエッグ（下記参照）	2個

1. 豚バラ塊肉は1cm幅の棒状に切る。にんにくとパクチー（根）はみじん切りにする。パクチー（茎・葉）は2cm幅に切る。ボウルに**A**を入れて溶き混ぜる。

2. 鍋に2ℓほどのお湯を沸かし、塩を20g（分量外）入れてパスタをゆでる。パッケージ記載のゆで時間より1分ほど早くザルにあげる。

3. フライパンにごま油をひき、弱火でにんにくを炒め、香りがたってきたら豚バラ肉とパクチー（根）を中火で炒め、黒こしょうで味付けをする。

4. 3にゆでた麺とゆで汁お玉1/2杯（分量外）を入れ、麺と具材をトングなどでからめながら1分ほど中火で温める。火を止めてフライパンに**A**を入れて余熱で混ぜ合わせる。

5. 器に盛り、ポーチドエッグとパクチー（茎・葉）をのせる。

- ソースは火を止めてから混ぜ合わせることで、ダマになりにくくなります。余熱が強い場合はボウルに移して混ぜ合わせても。

ポーチドエッグの作り方

材料（2個分）

卵	2個
酢	大さじ3

1. 鍋に1ℓほどのお湯を沸かし、酢を入れ、箸などで円を描くように水流を作る。卵を割り入れ、白身が白くなったら取り出す。

Lemon Cream Pasta with Bacon & Phak Chi

ベーコンとパクチーの レモンクリームパスタ

クリームパスタの濃厚さをパクチーと レモンでさっぱりとした味わいに。

材料　2人前

パスタ（乾麺）	160g
ベーコン（ブロック）	80g
パクチー（根・茎・葉）	2株
バター	20g
生クリーム	100ml
ピザ用チーズ	30g
レモン汁	大さじ1
レモンの皮	適量
粗挽き黒こしょう	少々

1　ベーコンは5mm幅の棒状に切る。パクチー（根）はみじん切りにする。パクチー（茎・葉）は2cm幅に切る。レモンの皮は1mm幅の千切りにする。

2　鍋に2ℓほどのお湯を沸かし、塩20g（分量外）を入れてパスタをゆでる。パッケージ記載のゆで時間より1分ほど早くザルにあげる。

3　フライパンにバターを入れ、弱火で溶かしてからベーコンとパクチー（根）を入れて、ベーコンに薄い焼き色がつくまで中火で炒める。

4　3に生クリームとゆで汁お玉1/2杯（分量外）を入れて弱火で温め、ピザ用チーズとレモン汁を入れ、チーズが溶けたら、ゆでたパスタとレモンの皮を入れてトングなどで混ぜ合わせる。

5　器に盛り、黒こしょうをかけ、パクチー（茎・葉）をのせる。

> パクチーmemo
> ・お好みでブロッコリーやアスパラガスなどの野菜を入れても美味しくいただけます。

Lime Zesty Sea Urchin & Phak Chi Pasta

ウニとパクチーの ライム香るパスタ

ウニのコクとライムの風味がポイント。 にんにくを効かせた食べ応えのあるパスタ。

材料　2人前

パスタ（乾麺）	160g
生ウニ	90g
パクチー（根・茎・葉）	2株
にんにく	2片（12g）
鷹の爪（乾燥）	2本
オリーブオイル	大さじ4
A［ライム汁	大さじ1
ナンプラー	小さじ1
カットライム	適量
粗挽き黒こしょう	少々

1　パクチー（根）はみじん切りにする。パクチー（茎・葉）は2cm幅に切る。にんにくは縦に半分に切り、芽を取りのぞいて包丁の背で押しつぶす。鷹の爪はタネを取りのぞいて輪切りにする。

2　鍋に2ℓほどのお湯を沸かし、塩20g（分量外）を入れてパスタをゆでる。パッケージ記載のゆで時間より1分ほど早くザルにあげる。

3　フライパンにオリーブオイルを入れ、弱火でにんにくを炒める。にんにくの香りがたってきたら鷹の爪とパクチー（根）を入れ、30秒ほど炒める。

4　3にゆでたパスタとゆで汁お玉1杯分（分量外）を入れ、中火でゆで汁にとろみが出るまで箸で混ぜながら温め、Aを入れて混ぜ、火を止める。

5　器に盛り、ウニ、パクチー（茎・葉）、カットライムをのせ、黒こしょうをかける。

>
> ・にんにくは焦がさないように、弱火でフライパンは円を描くように動かしながら火を通しましょう。

Beef, Tomato & Phak Chi "Chilled" Pasta
牛しゃぶとトマトの冷製パクチーパスタ

❀ ❀

梅肉と柚子こしょうのソースをアクセントに。
野菜がたくさん食べられるうれしいパスタ。

<u>材料　2人前</u>

パスタ（乾麺）	160g
牛ロース肉（しゃぶしゃぶ用）	160g
トマト	1個（100g）
レタス	3枚
スプラウト	50g
紫玉ねぎ（玉ねぎでも可）	1/4個（50g）
パクチー（茎・葉）	2株
A ┌ ぽん酢	大さじ3
白出汁	大さじ2
水	大さじ2
梅干し	2個
└ 柚子こしょう	小さじ1/2
カットレモン（1/8切れ）	2個

1　トマトは1cm角に切る。レタスは食べやすいサイズに切る。スプラウトはヘタを切る。紫玉ねぎは1mm幅の薄切りにし、水に2分ほどさらして水気をきる。パクチーの茎はみじん切りにし、葉は2cm幅に切る。梅干しは梅肉とタネに分け、梅肉はみじん切りにする。ボウルに**A**とパクチー（茎）を入れて混ぜ合わせる。

2　鍋に2ℓほどのお湯を沸かし、塩20g（分量外）を入れてパスタをゆでる。パッケージ記載のゆで時間より1分半ほど長くゆでてザルにあげ、氷水で冷やして水気をきる。

3　牛肉は沸騰したお湯（分量外）に、赤みが残る程度にサッとゆで、氷水で冷やしてザルにあげる。

4　器にパスタを盛り、レタス、スプラウト、紫玉ねぎ、牛肉、トマト、パクチーの順にのせ、**A**をかけてカットレモンをのせる。

Sudachi & Phak Chi
Udon-Vietnamese

すだちとパクチーの
ベトナム風うどん

ナンプラー風味のスープに鶏ささみとパクチーを。
すだちでさらに爽快感アップ。

材料　2人前

うどん	2玉（200g）
蒸し鶏（P75参照）	1本（100g）
A　チキンスープ	1ℓ
ナンプラー	大さじ2
しょうが	2片（12g）
こぶみかんの葉（なくても可）	6枚
パクチー（根・茎・葉）	2株
すだち	2個

1. すだちは1mm幅の輪切りにする。パクチーは根を残し、茎と葉は2cm幅に切る。しょうがは皮つきで1mm幅に薄切りする。蒸し鶏は手で細かく割く。

2. 鍋にAとパクチー（根）をまるごと入れて、弱火で10分ほど煮込む。

3. うどんはパッケージの表示通りにゆで、器に入れて2のスープを注ぎ入れ、すだちを浮かべて蒸し鶏とパクチー（茎・葉）を盛る。

・お好みで七味唐辛子をふりかけても。

Yuzu Zesty Phak Chi Dip Soba

パクチー柚子ざるそば

柚子の風味がそばと絶妙にマッチ。
パクチー麺つゆにつけて。

<u>材料　2人前</u>

	そば（乾麺）	200g
	柚子皮	適量
	パクチー（茎・葉）	3株
A	麺つゆ（3倍濃縮）	100ml
	水	300ml
	ナンプラー	小さじ1
	レモン汁	小さじ1
	柚子こしょう	小さじ1/3
	カットレモン（1/8切れ）	2個
	オリーブオイル	小さじ1

1　柚子皮は1mm幅に薄切りする。パクチーの茎はみじん切りに、葉は2cm幅に切る。

2　そばはパッケージの表示通りにゆで、ザルにあげ、氷水をはったボウルに入れて揉み洗いをして水気をきる。

3　ボウルに**A**とパクチー（茎）を入れて混ぜ、麺つゆとして器に注ぎ入れる。皿にそばを盛り、オリーブオイルをまわしかけて、パクチー（葉）、柚子皮、カットレモンをのせる。

Phak Chi Squid & Spicy Cod Roe "Bibim-naengmyeon"
イカ明太パクチービビン麺

韓国風の味付けに4種の薬味を添えた
ビビン麺をお手軽なそうめんで。

材料　2人前

そうめん（乾麺）	2束（200g）
イカ（ゆで）	160g
パクチー（葉・茎）	4株
A ┌ 明太子	2腹（40g）
├ しょうが	1片（6g）
├ 麺つゆ（3倍濃縮）	大さじ2
├ 水	50ml
├ みそ	大さじ1
├ コチュジャン	大さじ1
└ いりごま（白）	大さじ1
ごま油	大さじ1
大葉	8枚
三つ葉	3茎
青ねぎ	4本

1 イカを5mm幅の輪切りにする。明太子は薄皮を取ってほぐす。パクチーは2株をみじん切りにし、盛り付け用の2株は2cm幅に切る。大葉は1mm幅に千切りする。三つ葉は2cm幅に切る。青ねぎは2mm幅に小口切りする。しょうがはすりおろす。

2 そうめんはパッケージの表示通りにゆで、ザルにあげ、氷水をはったボウルに入れて揉み洗いをして水気をきる。

3 ボウルにゆでたそうめんとごま油を入れ、箸などで混ぜ合わせる。

4 ボウルにA、みじん切りにしたパクチーを入れて溶き混ぜ、イカとそうめんを入れてよく混ぜ合わせる。

5 器に4を盛り、パクチー（盛り付け用）、大葉、三つ葉、青ねぎをのせる。

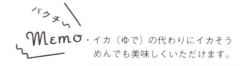

Memo・イカ（ゆで）の代わりにイカそうめんでも美味しくいただけます。

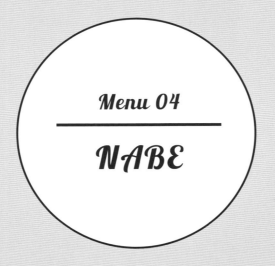

体に元気をくれるスープや体を温めてくれる鍋。
夏バテ気味のときや、冬の冷えきった体におすすめです。
作り置きができるスープは忙しい日々のストックに。
大勢で囲める鍋はパクチーを多めに入れて楽しめます。

"Samgyetang" Style Phak Chi Soup
サムゲタン風パクチースープ

手羽先と手羽元でお手軽に。
スープだけでお腹が満たされる食べるスープ。

材料 （作りやすい量）

鶏手羽先	5本 (300g)
鶏手羽元	5本 (300g)
パクチー（根・茎・葉）	4株
A しょうが	2片 (12g)
にんにく	2片 (12g)
白ねぎ	8cm (40g)
しいたけ	4個
米	30g
水	1ℓ
塩	小さじ1/2
粗挽き黒こしょう	小さじ1/4
ごま油	小さじ2

1 鍋にたっぷりの水（分量外）と手羽先、手羽元を入れて中火にかける。沸騰寸前に火を弱火にし、アクや汚れが浮いてきたらすくい、表面が白くなったらザルにあげて水で軽く洗う。

2 パクチー（根）、しょうが、白ねぎはみじん切りにする。パクチー（茎・葉）は2cm幅に切る。にんにくは半分に切り、芽をとり、包丁の背でつぶす。しいたけはヘタを切る。米は洗って30分ほどザルにあげる。

3 鍋に水、手羽先、手羽元、**A**、パクチー（根）をまるごと入れて弱火で45分ほど煮込む。アクが出てきたらお玉などですくう。20分ほど経過したら、塩と黒こしょうで味をととのえる。

4 煮込んだらごま油をまわし入れ、パクチー（茎・葉）を盛る。

Phak Chi Dumplings in "Suān là Tāng"
サンラータンのパクチー水餃子

黒酢の酸味と辛さを感じるスープに
濃厚な水餃子を。おつまみにもおすすめ。

材料　2人前

パクチー水餃子（下記参照）	12個
パクチー（根・茎・葉）	2株
しいたけ	2個
チキンスープ	400ml

A		
	黒酢	20ml
	しょうゆ	小さじ2
	オイスターソース	小さじ1
	豆板醤	小さじ1/2
	ごま油	小さじ1/2
	ラー油	小さじ1/3
	粗挽き黒こしょう	小さじ1/4

1 パクチーは根を残し、茎と葉は2cm幅に切る。しいたけはヘタを切り、2mm幅の薄切りにする。

2 鍋にチキンスープとパクチー（根）をまるごと入れて中火にかけ、沸騰寸前に弱火にし、パクチー水餃子としいたけを入れて6分ほど煮込む。

3 2にAを入れて弱火で2分ほど煮込んだら、黒こしょうで味をととのえ、器に注ぎ入れ、パクチー（茎・葉）を盛る。

パクチー水餃子の作り方

材料（12個分）

豚ひき肉	50g
ベーコン	25g
パクチー（根・茎・葉）	1/2株
キャベツ	25g
しょうが	1/2片（3g）
しょうゆ	小さじ1/2
紹興酒（酒でも可）	小さじ1/2
オイスターソース	小さじ1/4
ごま油	小さじ1/4
餃子の皮	12枚

1 ベーコン、パクチー（根・茎・葉）はみじん切りにする。キャベツはみじん切りにし、ボウルに塩少々（分量外）と入れて揉み込み、水分が出てきたらキッチンペーパーでふきとる。しょうがはすりおろす。

2 ボウルに餃子の皮以外のすべての材料を入れ、粘りが出るまで混ぜ合わせる。

3 餃子の皮の真ん中に2のタネをのせて、水・片栗粉各々小さじ1（分量外）を溶いたノリを皮の縁にぬり、半円状になるようしっかりととめる。折った両端を内側に丸めるように形を作り、両端にノリをぬってとめる。

Lemon & Phak Chi "Thai Suki"
タイスキ風レモンパクチー鍋

タイスキとはタイの鍋料理のこと。
レモン風味のスープにワンタンや鶏肉を入れて。

材料　2〜3人前

鶏もも肉	200g		チキンスープ	600ml
パクチーワンタン（下記参照）	20個		レモングラス（生）	2本
パクチー（根・茎・葉）	3株	**A**	こぶみかんの葉（乾燥）	6枚
レタス	1/4玉		ナンプラー	大さじ1
えのき	100g		しょうが	1片（6g）
オクラ	6本		レモン	1個
ヤングコーン	6本			

1 鶏もも肉は一口サイズに切る。パクチーは根を切り、茎と葉は2cm幅に切る。レタスは食べやすいサイズに切る。えのきはヘタをとって半分に切る。オクラはヘタとガクを切る。しょうがは皮つきで2mm幅の薄切りにする。レモンは横に半分に切り、半分は汁をしぼって半分は1mm幅の輪切りにする。

2 鍋に**A**、鶏もも肉、パクチー（根）をまるごと入れ、弱火で10分ほど煮込み、肉のアクが出てきたらお玉などですくう。パクチーワンタン、レタス、えのき、オクラ、ヤングコーンを入れ、具材に火が通ったらレモン汁をまわし入れ、レモンの輪切り、パクチー（茎・葉）を盛る。

パクチーワンタンの作り方

材料（20個分）

豚ひき肉	100g
ベーコン	50g
パクチー（根・茎・葉）	1株
キャベツ	50g
しょうが	1片（6g）
しょうゆ	小さじ1
紹興酒（酒でも可）	小さじ1
オイスターソース	小さじ1/2
ごま油	小さじ1/2
ワンタンの皮	20枚

1 ベーコン、パクチー（根・茎・葉）はみじん切りにする。キャベツはみじん切りにし、ボウルに塩少々（分量外）と入れて揉み込み、水分が出てきたらキッチンペーパーでふきとる。しょうがはすりおろす。

2 ボウルにワンタンの皮以外のすべての材料を入れ、粘りが出るまで混ぜ合わせる。

3 ワンタンの皮の真ん中に**2**のタネをのせて、水・片栗粉各々小さじ1（分量外）を溶いたノリを皮の縁にぬり、三角形に包んだ端をしっかりととめる。

Onion & Phak Chi Sukiyaki
オニオンすき焼きパクチー鍋

❀ ❀ ❀

玉ねぎで甘さを出した割り下は
隠し味に赤ワインを使用してリッチな味わいに。

材料　2〜3人前

牛ロース肉（薄切り）	250g		赤ワイン	50ml
パクチー（根・茎・葉）	3株		水	200ml
トマト	2個(200g)		しょうゆ	100ml
エリンギ	2個	A	みりん	100ml
レタス	4枚		上白糖	70g
焼き豆腐	1/2丁(150g)		溶き卵	2個分
玉ねぎ	3/4個(150g)			
オリーブオイル	小さじ2			

---

1 パクチーは根を残し、茎と葉を2cm幅に切る。トマトはヘタをとり、5mm幅の輪切りにする。エリンギは縦5mm幅の薄切りにする。レタス、焼き豆腐は食べやすいサイズに切る。玉ねぎはみじん切りにする。

2 鍋にオリーブオイルを入れ、中火で玉ねぎが薄茶色になるまで炒め、バットなどに取り出す。

3 鍋に赤ワインを入れ、中火で沸騰させて5分ほど火にかけ、赤ワインのアルコールを飛ばす。

4 3に**A**、**2**、パクチー（根）をまるごと入れて弱火で8分ほど煮込む。

5 牛肉、トマト、エリンギ、レタス、焼き豆腐を入れて火を通す。食べる直前でパクチー（茎・葉）を盛り、溶き卵を用意する。

パクチー
Memo

・鍋のスープは、お好みで水を増減して味をととのえてください。

野菜や果物などカラフルに彩られたサラダは
見た目からも元気がもらえる一皿。
和・洋・中とバラエティに富んだサラダは
いろいろな食卓のシーンで楽しめます。

Steamed Chicken & Phak Chi Salad
蒸し鶏とパクチーの中華風サラダ

蒸し鶏とザーサイをアクセントに
パクチー塩ドレッシングでさっぱりと。

材料　2人前

蒸し鶏（下記参照）	1本（100g）
ザーサイ	50g
パクチー（茎・葉）	4株
A　水菜	80g
きゅうり	1/2本（50g）
白ねぎ	10cm（50g）
パクチー塩ドレッシング（P30参照）	適量

1　蒸し鶏は手で細かく割く。ザーサイは粗みじん切りにする。パクチーと水菜は3cm幅に切る。きゅうりと白ねぎは2mm幅の千切りにする。

2　ボウルにAを混ぜ合わせ、器に盛り、ザーサイ、蒸し鶏、パクチーの順で盛り付ける。お好みでパクチー塩ドレッシングをかける。

- 蒸し鶏は冷蔵庫で5日ほど保存可能。煮汁と一緒に保存を。
- パクチー塩ドレッシングがない場合は、中華風ドレッシングなどで代用してください。

蒸し鶏の作り方

材料（2本分）

鶏ささみ	2本（200g）
水	200ml
酒	50ml
塩	小さじ1/4

1　鍋に材料をすべて入れ、中火にかける。沸騰したら弱火で3分ほど温めて火を止める。煮汁につけたまま冷ます。

Phak Chi "Yum Woon Sen"
パクチーヤムウンセン

食べ応えのあるタイ風はるさめサラダ。
パクチーとミントでさっぱりと。

材料　2人前

エビ（殻付き・無頭）	6尾
豚ひき肉	50g
はるさめ	40g
パクチー（根・茎・葉）	3株
にんにく	1片（6g）
セロリ	1/2本（50g）
きゅうり	1/2本（50g）
紫玉ねぎ（玉ねぎでも可）	1/4個（50g）
A［ナンプラー	大さじ2
レモン汁	大さじ1
鷹の爪（乾燥）	1本
上白糖］	小さじ1
ごま油	大さじ1と小さじ2
粗挽き黒こしょう	少々
スペアミント（なくても可）	適量

1. はるさめは食べやすいサイズに切る。パクチー（根）とにんにくはみじん切りにする。パクチー（茎・葉）は2cm幅に切る。セロリ、きゅうりは2mm幅の千切りにする。紫玉ねぎは薄切りし水で2分さらし、水気をきる。鷹の爪はタネを取りのぞいて輪切りにする。ボウルで**A**を混ぜておく。

2. エビは背わたと殻を取り、片栗粉大さじ1（分量外）で揉み込み、水洗いをして水気をきる。エビとはるさめはたっぷりのお湯で1〜2分ほどゆでてザルにあげ、水気をきる。

3. フライパンにごま油（大さじ1）を入れ、弱火でにんにくとパクチー（根）を炒め、にんにくの香りがたってきたら、豚ひき肉を入れ、ヘラなどでそぼろ状になるようほぐしながら中火で炒める。

4. ボウルに**2**、**3**、はるさめ、セロリ、きゅうり、紫玉ねぎ、**A**を入れて混ぜ合わせ、ごま油（小さじ2）と黒こしょうで味をととのえる。

5. 器に盛り、スペアミントとパクチー（茎・葉）をのせる。

- カットライムがあれば、食べる直前にしぼっても。レモンとライムの2種使いで爽やかな風味が増します。

Pumpkin, Phak Chi & Gorgonzola Salad
かぼちゃとパクチーのゴルゴンゾーラサラダ

クセになる食材のハーモニーを楽しんで。
温・冷どちらでもOK。

材料　2人前

かぼちゃ	1/8個（150g）
カリフラワー	1/3個（130g）
くるみ	5粒
パクチー（茎・葉）	2株
生クリーム	50g
ゴルゴンゾーラ	25g
バター	20g
はちみつ	小さじ1
塩	少々
粗挽き黒こしょう	少々

1　かぼちゃは3cm厚に切る。カリフラワーは小房に分け、食べやすいサイズに切る。くるみはスプーンの裏などで粗めに砕く。パクチーは2cm幅に切る。

2　鍋にたっぷりのお湯を沸かし、塩少々（分量外）、カリフラワーを入れて1分ほどゆで、ザルにあげて水気をきる。かぼちゃは耐熱皿に入れ、ラップをして電子レンジ（500w）で7分ほど温める。竹串をさしてスッと通るか確認し、通らなかった場合はさらに1分ずつ刻みながら温める。

3　フライパンにバターを入れ、弱火で溶かして生クリームとゴルゴンゾーラを入れ、ヘラなどで混ぜながら、ゴルゴンゾーラが溶けるまで火にかける。塩、黒こしょうで味をととのえる。

4　かぼちゃ、カリフラワー、くるみ、パクチーを器に盛り、はちみつを全体にかけ、温かい状態で3のソースを全体にかける。

・ソースは冷めてしまうと固まるので、食べる直前に作ってください。

Hash Browns Phak Chi Salad Style
パクチーハッシュドブラウンポテト

❀ ❀

**表面をカリカリに焼いたポテトの上に
色鮮やかな具材をたっぷりと。**

材料　（2人前）

じゃがいも	2個（200g）
サーモン（刺身用）	6切れ
いくら	20g
紫キャベツ	1/8玉（50g）
ラディッシュ	2個
パクチー（茎・葉）	2株
A〔サワークリーム	100g
粗挽き黒こしょう	小さじ1/4
B〔薄力粉	大さじ2
粗挽き黒こしょう	小さじ1/4
オリーブオイル	大さじ4

1　サーモンは食べやすいサイズに切る。紫キャベツは2mm幅に千切りし、水に5分ほどさらしてザルにあげる。ラディッシュは1mm幅に薄切りする。パクチーは2cm幅に切る。ボウルに**A**を入れて混ぜ合わせる。

2　じゃがいもは2mm幅の千切りにし、ボウルに入れて**B**と一緒に混ぜ合わせる。

3　フライパンにオリーブオイル（大さじ2）をひき、中火で**2**を5分ほど揚げ焼きにする。一度皿に取り出し、残りのオリーブオイル（大さじ2）をひき、反対の面も中火で5分ほど揚げ焼きにする。

4　**3**を器に盛り、混ぜ合わせた**A**をぬって、紫キャベツ、サーモン、ラディッシュ、いくら、パクチーの順にのせる。

Phak Chi Potato Salad Iburigakko Flavor

いぶりがっことパクチーの
ポテトサラダ

いぶりがっことクリームチーズで
風味豊かな味わい。

材料　2人前

じゃがいも	3個（300g）
パクチー（葉・茎）	2株
玉ねぎ	1/4個（50g）
酢	小さじ2
A ┌ いぶりがっこ	30g
├ マヨネーズ	大さじ3
├ クリームチーズ	大さじ1
└ 柚子こしょう	小さじ1

1　玉ねぎはみじん切りにして水で2分ほどさらし、水気をきる。パクチーは3cm幅に切る。いぶりがっこはみじん切りにする。

2　鍋にたっぷりのお湯を沸かし、塩少々（分量外）を入れて皮をむいたじゃがいもをゆでる。竹串がスッと通ったら、ゆで汁を捨ててザルにあげる。じゃがいもはふたたび鍋に戻し、中火にかけて粉ふきいも状態になったら火を止め、全体に酢を回しかける。

3　じゃがいもは温かいうちにヘラでつぶし、粗熱がとれたら、ボウルに入れて玉ねぎ、パクチー、Aと一緒に混ぜる。

・生ハムやベーコンを入れても美味しくいただけます。

Black Vinaigrette Natto Phak Chi Salad

パクチー黒酢ねばねばサラダ

ねばねば野菜にパクチーの食感と風味をプラス。
黒酢入りなので元気がほしいときにも。

材料　2人前

パクチー（茎・葉）	3株
きゅうり	1本（100g）
長芋	3cm（50g）
オクラ	6本
しょうが	1片（6g）
A めかぶ	2パック（80g）
納豆	1パック（50g）
黒酢	20ml
しょうゆ	小さじ2
いりごま（白）	小さじ2
ごま油	小さじ1
卵黄	1個分

1　パクチーは3cm幅に切る。きゅうり、長芋は1cm角に切る。オクラはヘタとガクを切り、塩少々（分量外）をふりかけ、板ずりをしてさっと水洗いし、熱湯で2分ほどゆで、ザルにあげて水気をきり、1cm幅の輪切りにする。しょうがはみじん切りにする。

2　ボウルに1、Aを入れて混ぜ合わせ、器に盛り、卵黄をのせる。

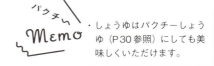

・しょうゆはパクチーしょうゆ（P30参照）にしても美味しくいただけます。

Carrot, Orange and Phak Chi Salad

キャロットとオレンジのパクチーサラダ

フルーツとパクチーにカッテージチーズを添えて素材が引き立つ味わいに。

材料　2人前

A ┌ にんじん　　　　　　　1/3本（50g）
　├ パクチー（茎・葉）　　3株
　├ ベビーリーフ　　　　　40g
　└ トレビス　　　　　　　25g
　　カッテージチーズ　　　50g
　　オレンジ　　　　　　　1個
　　粗挽き黒こしょう　　　小さじ1/4
　　アップルオニオンパクチードレッシング　適量
　　（P31参照）

1　にんじんは1mm幅の千切りにする。パクチーは2cm幅に切る。トレビスは一口サイズに切る。オレンジは薄皮をむく。

2　ボウルにAを入れて混ぜ、器に盛り、カッテージチーズ、オレンジを盛り付け、黒こしょうとドレッシングをかける。

Memo
・ドレッシングは、オリーブオイル（大さじ3）とレモン汁（小さじ1）、塩、黒こしょう（適量）を混ぜ合わせたものでも美味しくいただけます。

Yellowtail & Phak Chi "Ceviche"
ブリとパクチーのセビーチェ

ピリっとした味付けがクセになる魚介のマリネ。
タコスの具材にもおすすめ。

材料　2人前

ブリ（刺身用）	5切れ
タコ（ゆで）	60g
パクチー（茎・葉）	3株
トマト	1個（100g）
アボカド	1/2個（40g）
紫玉ねぎ	1/4個（50g）
A　ライム汁	大さじ2
オリーブオイル	大さじ1
チリペッパー	小さじ1
にんにく	1/2片（3g）
塩	小さじ1/3
粗挽き黒こしょう	小さじ1/3

1　ブリとタコは食べやすいサイズに切る。トマト、アボカドは1cm角に切る。パクチーは1cm幅に切る。紫玉ねぎは5mm幅の粗みじん切りにし、5分ほど水にさらしてザルにあげ、水気をきる。にんにくはすりおろす。

2　ボウルに**1**と**A**を入れ、スプーンなどでよく混ぜ合わせて器に盛る。

Memo
・辛いのがお好きな方はチリペッパーを増量するのもおすすめです。

Phak Chi & Watercress Leaf Salad
パクチーとクレソンのサラダ

パクチーとクレソンのシンプルなサラダ。
独特な風味の掛け合わせが相性バツグン。

材料　2人前

パクチー（茎・葉）	6株
クレソン	40g
A ┌ オリーブオイル	大さじ2
├ バルサミコ酢	大さじ1
├ しょうゆ	小さじ1
├ はちみつ	小さじ1
├ にんにく	1/2片（3g）
├ 塩	少々
└ 粗挽き黒こしょう	少々

1　パクチーとクレソンは3cm幅に切る。にんにくはすりおろす。

2　ボウルにAを入れて混ぜ合わせる。パクチーとクレソンを入れてさらに混ぜ、器に盛る。

食事のメインはもちろん、
おかずの1品やおつまみにも最適。
パクチーを練り込んだり、混ぜたり、添えたりと
いろいろな調理方法に挑戦してみてください。

Seared Beef in Onion Phak Chi Ponzu
牛たたきのオニオンパクチーぽん酢漬け

**玉ねぎで柔らかくなった牛たたきを
ぽん酢とパクチーでさっぱりと。**

材料　2人前

牛ロース塊肉	300g
パクチー（根・茎・葉）	4株
玉ねぎ	1/4個(50g)
青ねぎ	2本
オリーブオイル	大さじ2
ぽん酢	100ml
塩	小さじ1/3
粗挽き黒こしょう	小さじ1/3

1 牛ロース塊肉の表面に塩と黒こしょうをふりかけ、よく揉み込む。玉ねぎは2mm幅のみじん切りにする。パクチーは根を残し、茎と葉を2cm幅に切る。青ねぎは2mm幅の小口切りにする。

2 フライパンにオリーブオイルをひき、中火で牛ロース塊肉のすべての断面にしっかりと焦げ目がつくまで焼く。

3 チャック付き保存袋に牛ロース塊肉、玉ねぎ、ぽん酢、パクチー（根）をまるごと入れて保存袋の空気を完全に抜き、冷蔵庫で味が染み込むまで3時間ほど漬ける。

4 牛ロース塊肉を薄切りにして器に盛り、**3**のタレ（適量）と、青ねぎ、パクチー（茎・葉）を盛る。

パクチー
Memo

・牛ロース肉は新鮮なものを使用してください。

・肉は4時間以上漬けると硬くなるのでご注意ください。

Herb Rich Phak Chi Dumplings
ハーブたっぷりパクチー餃子

しっかりとハーブが堪能できる味わい。
羽根付きでカリッとした食感。

材料　24個分

	餃子の皮	24枚
A	鶏ひき肉	150g
	エビ（無頭・殻付き）	3尾
	パクチー（根・茎・葉）	3株
	白菜	2枚（100g）
	ナンプラー	小さじ2
	レモン汁	小さじ1
	にんにく	1片（6g）
	塩	少々
	こぶみかんの葉（乾燥）	6枚
	ごま油	大さじ2
	水	50nl
	薄力粉	小さじ2

1 エビは背わたと殻と尾を取りのぞき、片栗粉大さじ1（分量外）で揉み込み、水洗いをして水気をきり、みじん切りにする。白菜はみじん切りにし、ボウルに塩少々（分量外）と一緒に入れて水分が出るまで揉み込み、しっかりと水気をきる。パクチーはみじん切りにする。にんにくはすりおろす。こぶみかんの葉は手でバリバリと砕く。

2 ボウルにAを入れ、粘りが出るまで混ぜ合わせ、ラップをして冷蔵庫で10分ほど冷やす。

3 餃子の皮の真ん中に2をのせ、皮の緑に片栗粉と水を各々小さじ1（分量外）を混ぜたノリをぬって半分に折り、ひだを作りながら包む。

4 フライパンにごま油（大さじ1）をひき、冷たい状態で餃子を並べて中火で2分半ほど焼く。水に薄力粉を入れてよく溶いたらフライパンに入れ、フタをして5分ほど蒸し焼きにする。

5 フタを開けて4の縁側より、ごま油（大さじ1）をまわし入れて1分ほど揚げ焼きにする。

・餃子のタレがなくても美味しくいただけますが、おすすめはライム汁と塩かスイートチリパクチードレッシング（P31）をかける食べ方です。

Phak Chi Mixed Scotch "Soft-Boiled" Egg
パクチースコッチ半熟エッグ

パテにパクチーを練り込んでサクっと揚げた
スコッチエッグ。お弁当のおかずにも。

材料　2人前

パクチースコッチエッグのタネ（下記参照）	2個分	パン粉	適量
半熟ゆで玉子（下記参照）	2個	パクチー（茎・葉）	1株
薄力粉	20g	A ┌ ケチャップ	大さじ1
溶き卵	1個分	└ チリソース	小さじ1

1 パクチーはみじん切りにし、ボウルに**A**と一緒に入れて混ぜ合わせる。

2 半熟ゆで玉子全体に薄力粉をまぶし、パクチースコッチエッグのタネで全体を
覆ったら、薄力粉をまぶして溶き卵をつけ、パン粉をしっかりとまぶす。

3 170℃の揚げ油（分量外）できつね色になるまで6分ほど揚げ、キッチンペーパー
をしいたバットなどにあげて余分な油をきり、器に盛って**1**のソースをかける。

パクチースコッチエッグのタネの作り方

材料　（2個分）

牛豚あいびき肉	240g
玉ねぎ	1/2個（100g）
パクチー（根・茎・葉）	3株
A ┌ 牛乳	大さじ2
└ パン粉	大さじ2
バター	10g
卵	1個
塩	小さじ1/4
粗挽き黒こしょう	小さじ1/4

1 玉ねぎ、パクチーはみじん切りにする。ボウルに**A**を合
わせて5分ほど置く。

2 フライパンにバターを溶かし、玉ねぎ、パクチー（根）を
まるごと入れ、中火で玉ねぎがしんなりするまで炒める。
バットなどにあげて人肌になるまで冷ます。

3 **A**が入ったボウルに**2**、あいびき肉、パクチー（茎・葉）、
卵を入れ、粘りが出るまで混ぜて塩と黒こしょうで味付
けをする。

半熟ゆで玉子の作り方

材料　（2個分）

卵（Mサイズ）	2個
水	2ℓ
塩	小さじ1

1 卵を常温に戻しておく。

2 鍋に水を入れ、沸騰したら塩を入れて卵をそっと入れる。

3 7分～7分半ほど弱火で温め、トングなどで取り出し、氷
水が入ったボウルで5分ほど冷やして殻をむく。

"Yangnyeom" Phak Chi Chicken
ヤンニョムパクチーチキン

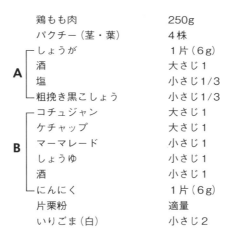

ヤンニョムとは韓国のソースのこと。
マーマレードを隠し味に甘辛いタレが絶品。

材料　2人前

鶏もも肉	250g
パクチー（茎・葉）	4株
A　しょうが	1片（6g）
酒	大さじ1
塩	小さじ1/3
粗挽き黒こしょう	小さじ1/3
B　コチュジャン	大さじ1
ケチャップ	大さじ1
マーマレード	小さじ1
しょうゆ	小さじ1
酒	小さじ1
にんにく	1片（6g）
片栗粉	適量
いりごま（白）	小さじ2

1. パクチー2株はみじん切りに、2株は2cm幅に切る。しょうがとにんにくはすりおろす。

2. 鶏もも肉は一口サイズに切ってボウルに入れ、みじん切りにしたパクチー、**A**と一緒によく揉み込み、ラップをして冷蔵庫で味が染み込むまで20分ほど漬ける。漬け込み後、片栗粉をまぶして揉み込む。

3. **2**を180℃の揚げ油（分量外）で4分ほど揚げ、キッチンペーパーをしいたバットなどにあげて余分な油をきる。

4. **B**を混ぜ合わせてフライパンに入れ、弱火で温め表面がフツフツとしてきたら、**3**といりごまを入れて混ぜ合わせる。

5. 器に盛り、2cm幅に切ったパクチーをのせる。

Fried Phak Chi Shrimp Toast
パクチーエビパン

**丸くかわいいエビパンにはパクチーがたっぷり。
サクサク食感でおつまみにも。**

材料　12個分

	サンドイッチ用パン	4枚
A	エビ（無頭・殻付き）	6尾
	パクチー（茎・葉）	3株
	玉ねぎ	1/4個（50g）
	卵白	1個分
	片栗粉	小さじ2
	ナンプラー	小さじ2
	ごま油	小さじ1
	塩	少々
	粗挽き黒こしょう	少々
B	スイートチリソース	大さじ1
	卵黄	1個分
	ナッツ	適量

1 パンは丸型（4cm）で12枚になるようにくり抜く。エビは背わたと殻を取りのぞき、片栗粉大さじ1（分量外）で揉み込み、水洗いをして水気をきり、みじん切りにする。パクチー、玉ねぎはみじん切りにする。卵を割り、卵白と卵黄に分けておく。

2 ボウルに**A**を入れて混ぜ合わせ、12枚のパンに均等にぬる。

3 **2**を170℃の揚げ油（分量外）で30秒～1分ほど揚げ、こんがりと表面がきつね色になったら、キッチンペーパーをしいたバットなどにあげる。

4 器に盛り、砕いたナッツをかける。**B**を混ぜ合わせ、小皿に入れて添える。

Oyster, Blue Cheese & Phak Chi en Cocotte
牡蠣とブルーチーズのパクチーグラタン

🌿 🌿

ブルーチーズとパクチーの風味がアクセントに。
プリプリな牡蠣と相性バツグン。

材料　2人前

牡蠣（加熱用）	6粒
玉ねぎ	1/4個（50g）
マッシュルーム（ホワイト）	3個
パクチー（茎・葉）	2株
ブルーチーズ	20g
オリーブオイル	小さじ2
バター	30g
薄力粉	大さじ3
牛乳	400ml
パクチージェノバ風ソース（P32参照）	大さじ3
塩	小さじ1/4
粗挽き黒こしょう	小さじ1/4
ピザ用チーズ	適量

1　玉ねぎ、マッシュルームは1mm幅の薄切りにする。パクチーは1cm幅に切る。ブルーチーズはフォークの背でつぶす。

2　牡蠣はボウルに入れ、塩水（分量外）で洗い、ザルにあげて水気をきる。フライパンを熱してオリーブオイルをひき、中火で両面に焼き目がつくまで焼く。

3　フライパンにバターを入れ、弱火で溶かして玉ねぎを入れ、しんなりとするまで中火で炒める。薄力粉を入れ、玉ねぎとからめながら弱火で炒め、牛乳を3回に分けて入れたら、ソースがトロトロになるまで温める。

4　ボウルに2、3のソース、パクチー、マッシュルーム、ブルーチーズ、パクチージェノバ風ソースを入れて混ぜ合わせ、塩と黒こしょうで味をととのえる。

5　耐熱皿に入れ、ピザ用チーズをかけたら、220℃に予熱したオーブンで15分ほど焼く。

Nam Pla Steamed Clams with Phak Chi

あさりとパクチーのナンプラー酒蒸し

あさりの旨味とトマトの甘みが感じられる味わい。
ナンプラーとパクチーでエスニック風に。

材料　2人前

あさり（砂抜き用）	300g
パクチー（根・茎・葉）	3株
プチトマト	10個
にんにく	1片（6g）
しょうが	1片（6g）
鷹の爪（乾燥）	1本
ごま油	大さじ2
ナンプラー	小さじ2
酒	50ml

1. あさりは水をはったボウルに入れ、殻と殻をこすって洗う。パクチー（根）、にんにく、しょうがはみじん切りにする。パクチー（茎・葉）を2cm幅に切る。プチトマトはヘタをとる。鷹の爪はタネを取りのぞき、輪切りにする。

2. フライパンにごま油をひき、弱火でにんにく、しょうが、パクチー（根）を炒める。にんにくの香りがたってきたら、あさりを入れて軽く炒め、酒、プチトマト、鷹の爪を入れ、フタをして中火で温める。

3. あさりの口が開いたら、ナンプラーを入れて味をととのえ、器に盛り、パクチー（茎・葉）をのせる。

Fresh Turnip with Phak Chi Sardine Glaze

カブとパクチーの オイルサーディン

オイルサーディンの塩気が決め手。
切って混ぜるだけなので忙しい日のおかずにも。

材料　2人前

カブ	2個（200g）
パクチー（茎・葉）	3株
オイルサーディン	50g
A　オイスターソース	小さじ2
ごま油	小さじ2
塩	少々
粗挽き黒こしょう	少々

1　カブはよく洗い、キッチンペーパーで水気をふきとり、葉は根元から4cmほど残して切り落とし、皮のまま4等分に切る。パクチーはみじん切りにする。オイルサーディンはフォークで細かくつぶす。

2　ボウルにカブ、パクチー、オイルサーディン、Aを入れて混ぜ合わせ、塩と黒こしょうで味をととのえ、器に盛る。

Phak Chi Meat Stuffed Bitter Melon

ゴーヤのパクチー肉詰め

鶏ひき肉に味付けされた爽やかな風味と
ゴーヤの苦みが後をひく美味しさ。

材料　作りやすい量

ゴーヤ	1本 (200g)
A ┌ 鶏ひき肉	200g
├ パクチー (茎・葉)	3株
├ こぶみかんの葉 (乾燥) (なくても可)	5枚
├ ナンプラー	小さじ2
├ レモン汁	小さじ1
├ 塩	小さじ1/4
└ 粗挽き黒こしょう	少々
薄力粉	適量
ごま油	大さじ1

1　ゴーヤは1cm幅の輪切りにし、中のタネとワタをスプーンで取りのぞく。パクチーはみじん切りにする。こぶみかんの葉は手でバリバリと砕く。

2　ボウルにAを入れて、粘り気が出るまで混ぜ合わせる。

3　ゴーヤの内側に薄力粉を指で薄くまぶし、2をしっかりと詰めて、ゴーヤの裏と表に薄く薄力粉をまぶす。

4　フライパンにごま油をひき、中火でゴーヤの表面を3分ほど焼き、フライ返しなどでひっくり返したら、反対側も弱火で3分ほど焼いて器に盛る。

グリーンカレーペーストはカレーに
トムヤムクンペーストはスープ以外で使われることが
少なく、棚の奥で眠ってしまいがちですが、
パクチーとの組み合わせでアレンジ豊富なペーストに変身。
万能調味料の一つとして活用すれば、料理の幅が広がります。

Phak Chi Green "Dry" Curry
パクチードライグリーンカレー

**作り置きに万能なドライカレー。
使いまわしやすく保存もできる便利さが魅力。**

材料　2人前

ごはん（温）	360g
豚ひき肉	300g
パクチー（根・茎・葉）	3株
玉ねぎ	3/4個（150g）
にんにく	1片（6g）
ごま油	大さじ2
グリーンカレーペースト	大さじ1と1/2
ココナッツミルク	80ml
三温糖（上白糖でも可）	大さじ1
こぶみかんの葉（乾燥）	5枚
ナンプラー	大さじ1

1 鍋にたっぷりのお湯を沸かし、豚ひき肉を入れて混ぜながら30秒ほど湯通ししてザルにあげる（余分な脂をとる目的なので、火が通りきらなくてもよい）。

2 パクチーは根、茎と葉に切り分け、それぞれみじん切りにする。玉ねぎ、にんにくもみじん切りにする。こぶみかんの葉は手でバリバリと砕く。

3 フライパンにごま油をひき、弱火でにんにくを炒め、香りがたってきたら、グリーンカレーペースト、パクチー（根）、玉ねぎを入れ、玉ねぎがしんなりとするまで中火で炒める。

4 3に豚ひき肉とパクチー（茎・葉）を入れ、豚ひき肉の半分ほどに火が入ったら、ココナッツミルクと三温糖、こぶみかんの葉を入れ、ナンプラーで味をととのえる。

5 4の汁気がなくなったら火を止めて味見をして、甘みが足りない場合はココナッツミルクを、塩味が足りない場合はナンプラーを足して味をととのえる。

6 ごはんを盛り付け、5とお好みでパクチー（分量外）を盛る。

パクチ Memo

・5は冷蔵庫で4日ほど、冷凍庫で3週間ほど保存可能です。

・玉子焼き、冷奴、ポテトサラダ、そうめんなどの具としても使えます。

Phak Chi Stewed Hamburger Steak in Green Curry
パクチーハンバーグ
～グリーンカレー煮込み～

ハンバーグはもちろんごはんにかけても
大満足の2度楽しめる料理。

材料　2人前

	パクチー（茎・葉）	2株		バター	10g
A	しめじ	50g		グリーンカレーペースト	大さじ1と1/2
	赤パプリカ	1/5個（30g）	**B**	ココナッツミルク	400ml
	なす	1本（70g）		上白糖	小さじ2
	ヤングコーン	6本		ナンプラー	小さじ2
	パクチーハンバーグ（下記参照）	2個			

1 パクチーは2cm幅に切る。しめじは石づきを切る。赤パプリカは5mm幅に切る。なすは乱切りにする。

2 フライパンにバターを溶かし、弱火でグリーンカレーペーストを炒め、香りがたってきたら**A**と**B**を入れ、パクチーハンバーグを入れてフタをする。弱火で5分ほど煮込んだらひっくり返し、さらに5分ほど煮込んで器に盛り、パクチーをのせる。

パクチーハンバーグの作り方

材料　（2個分）

	牛豚あいびき肉	240g
	玉ねぎ	1/2個（100g）
	パクチー（根・茎・葉）	3株
A	牛乳	大さじ2
	パン粉	大さじ2
	バター	10g
	卵	1個
	サラダ油	小さじ2
	塩	小さじ1/4
	粗挽き黒こしょう	小さじ1/4

1 玉ねぎ、パクチーはみじん切りにする。ボウルに**B**を合わせて5分ほど置く。

2 フライパンにバターを溶かし、玉ねぎ、パクチー（根）をまるごと入れて、中火で玉ねぎがしんなりするまで炒める。バットなどにあげて人肌になるまで冷ます。

3 **A**が入ったボウルに**2**、あいびき肉、パクチー（茎・葉）、卵を入れ、粘りが出るまで混ぜて塩と黒こしょうで味付けする。タネを2等分し、両手で7回ほどキャッチボールをするようにして中の空気を抜く。

4 深底のフライパンにサラダ油をひき、中火でタネを両面焼き目がつくまで焼く。

Phak Chi Cabbage Roll in Coconut Milk Sauce

パクチーロールキャベツ
〜ココナッツミルクソース〜

パクチーたっぷりのロールキャベツと
ココナッツミルクソースを絡めて贅沢に。

材料　4個分

	牛豚あいびき肉	200g
	玉ねぎ	1/2個（100g）
	パクチー（茎・葉）	3株
	キャベツ	4枚
A	牛乳	大さじ2
	パン粉	大さじ2
B	ココナッツミルク	400ml
	ナンプラー	大さじ2
	バター	10g
	卵	1個
	グリーンカレーペースト	小さじ2

1　玉ねぎとパクチー（根）はみじん切りにする。パクチー（茎・葉）は5mm幅に切る。キャベツはたっぷりのお湯で2〜3分ほどゆで、ザルにあげて水気がきれたら芯をそぎ落とす。ボウルに**A**を合わせて5分ほどおく。

2　フライパンにバターを溶かして、中火で玉ねぎがしんなりするまで炒め、バットなどにあげて人肌になるまで冷ます。

3　**A**が入ったボウルに**2**、あいびき肉、パクチー（茎・葉）、卵、グリーンカレーペーストを入れ、粘り気が出るまで混ぜ合わせる。

4　**3**を4等分し、キャベツの真ん中にタネをのせて、葉の下側をタネにかぶせ、左側の葉をタネに折り込み、くるっと最後まで巻く。右側の葉も巻いたら穴にたたんで包み込む。

5　鍋に巻き終わりを下にして、ぎゅうぎゅうに詰め込み、**B**を入れて落しブタをして弱火で20分ほど煮込む。煮込み途中に、スプーンで上面のロールキャベツに煮汁をかける。

Phak Chi Green Curry Soup Pot Pie
パクチーグリーンカレースープ
～パイ包み～

❀ ❀

サクサクのパイ包みの中にスープとパクチーを。
パイを浸しながらいただくのがおすすめ。

材料　2人前

	冷凍パイシート（20cm）	1枚
A	鶏もも肉	150g
	薄力粉	大さじ1
	塩	小さじ1/4
	粗挽き黒こしょう	小さじ1/4
	サラダ油	小さじ2
	ココナッツミルク	400ml
	グリーンカレーペースト	小さじ2
	ナンプラー	小さじ2
	しめじ	30g
	パクチー（茎・葉）	2株
	ピザ用チーズ	20g
B	卵黄	1個
	水	小さじ1

---

1 冷凍パイシートは半解凍させ、半分に切り、打ち粉（分量外）の上にのせ、麺棒で使用容器（耐熱カップ）の倍になるように伸ばす。パイシートの表面をフォークで数カ所穴をあけ、冷蔵庫で冷やしておく。鶏もも肉は一口サイズに切る。しめじは石づきを切る。パクチーは1cm幅に切る。

2 ボウルに**A**を入れて揉み込む。フライパンにサラダ油をひき、中火で鶏肉に火が通るまで焼いたらバットなどにうつす。

3 別の鍋にココナッツミルクとグリーンカレーペーストを入れ、弱火で溶かしてナンプラーで味付けをする。

4 別の容器に**2**、**3**、しめじ、パクチー、ピザ用チーズを入れ、カップの縁に混ぜ合わせた**B**をハケでぬり、パイシートをかぶせ、表面にも**B**をハケでぬる。

5 220℃に予熱したオーブンで8分ほど焼く。

Phak Chi Tom Yum Goong Chicken "Tsukune" Grill
トムヤムパクチーつくね焼き

鶏ひき肉に軟骨を入れて食感をプラス。
トムヤムクンの風味が独特の味わいに。

材料　4個分

A
鶏ひき肉	200g
鶏なんこつ	50g
パクチー（茎・葉）	2株
白ねぎ	4cm（20g）
しょうが	1片（6g）
トムヤムクンペースト	大さじ1
ナンプラー	小さじ1

れんこん	50g
ごま油	小さじ1

B
しょうゆ	大さじ2
みりん	大さじ1
上白糖	小さじ1
にんにく	1片（6g）

1　鶏なんこつは粗みじん切りにする。白ねぎはみじん切りにする。パクチーは1cm幅に切る。れんこんは5mm幅の薄切り4枚にする。しょうがとにんにくはすりおろす。

2　ボウルに**A**を入れて混ぜ、4等分の楕円形にととのえる。表面に片栗粉（分量外）を薄くまぶし、れんこんをのせる。

3　フライパンにごま油をひき、**2**のれんこんを下にして中火で焼き、焼き目がついたら、フライ返しでひっくり返して両面焼き、水100ml（分量外）を入れてフタをしたら3分ほど蒸し焼きにする。

4　水分が蒸発したら、**B**を入れて弱火でつくねにからめながら1分半ほど煮詰める。

Memo

・**A**のナンプラーでトムヤムクンペーストを溶かしておくと、全体が混ぜやすくなります。

Phak Chi Tom Yum Goong Cold Noodles
トムヤムクン風パクチー冷麺

冷麺にトムヤムクンの濃厚なソースをかけて。
野菜とエビで食べ応えも十分。

材料　2人前

	冷麺	2玉(240g)
	エビ(無頭・殻付き)	6尾
A	セロリ	1/2本(50g)
	きゅうり	1/2本(50g)
	レタス	2枚
	プチトマト	5個
	トムヤムクンペースト	大さじ1
B	ココナッツミルク	100ml
	ナンプラー	小さじ2
	上白糖	10g
	パクチー(茎・葉)	3株

1　エビは背わたと殻をとり、片栗粉大さじ1(分量外)で揉み込み、水洗いをして水気をきる。セロリ、きゅうりは5mm角に切る。レタスは一口サイズに切る。プチトマトはヘタをとり、半分に切る。パクチーは茎をみじん切りに、葉は2cm幅に切る。

2　冷麺はパッケージの表示通りにゆで、氷水で麺を冷やして水気をきる。

3　ボウルにパクチー(茎)と**B**を入れ、トムヤムクンペーストが溶けるまで混ぜる。

4　器に冷麺、**A**、パクチー(葉)を盛り付け、**3**のソースをかける。

Phak Chi Tom Yum Goong "Horumon" Pot
トムヤムクンパクチーホルモン鍋

トムヤムクンの出汁にホルモンの旨味を。
夏でも冬でも食べたい一味変わったエスニック鍋。

材料　2〜3人前

生ホルモン（マルチョウなどお好みで）	200g
パクチー（根・茎・葉）	3株
A チキンスープ	3カップ
トムヤムクンペースト	大さじ1
こぶみかんの葉（なくても可）	6枚
しょうが	1片（6g）
ナンプラー	小さじ2
レモン汁	大さじ1

〈具材〉

白菜	2枚（200g）
プチトマト	6個
もやし	100g
しめじ	50g
セロリ	1/4本（25g）

1 パクチーは根を残し、茎、葉は2cm幅に切る。白菜は3cm幅のざく切りにする。プチトマトはヘタをとる。しめじは石づきを切る。セロリは5mm幅に斜め切りにする。しょうがは皮付きを2mm幅に薄切りにする。

2 生ホルモンは薄力粉大さじ2（分量外）でしっかり揉み込み、水洗いをして水気をきる。

3 鍋に**A**、ナンプラー、パクチー（根）をまるごと入れ、弱火でトムヤムクンペーストを溶かしながら温める。

4 **3**に生ホルモンと具材をすべて入れ、火が通ったら食べる寸前にレモン汁をまわし入れ、パクチー（茎・葉）を盛る。

Phak Chi Tom Yum Goong
Phak Chi Porridge

トムヤムクンパクチー粥

トムヤムクンの味が染み込んだスパイシーなお粥。
たっぷりのパクチーを添えて。

材料　2人前

米	60g
パクチー（根・葉・茎）	3株
ごま油	大さじ1
トムヤムクンペースト	大さじ1
チキンスープ	600ml
ナンプラー	小さじ2

1　米をとぎ、30分ほどザルにあげる。パクチーは根を残し、茎と葉は2cm幅に切る。

2　鍋にごま油をひき、弱火でトムヤムクンペースト、パクチー（根）をまるごと入れて炒める。トムヤムクンペーストの香りがたってきたら、米、チキンスープ、ナンプラーを入れて混ぜる。

3　鍋を中火にし、表面がフツフツとしたら、ごく弱火にし、フタを少しずらした状態で40分ほど炊き込む。40分後に火を止め、完全にフタをした状態で5分ほど蒸らす。別皿にパクチー（茎・葉）を盛る。

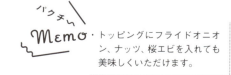

パクチーmemo・トッピングにフライドオニオン、ナッツ、桜エビを入れても美味しくいただけます。

普段の定番デザートやドリンクに
パクチーの爽やかなアクセントを。
今まで味わったことのない不思議な風味がやみつきに。
パクチーと甘いデザートのコラボレーションをぜひ。

Phak Chi Rare Cheesecake Kiwi Sauce
パクチーレアチーズケーキ　キウイソース

**キウイの酸味とパクチーの爽快さが
新鮮な味わいのレアチーズケーキ。**

材料　2個分

クリームチーズ	100g
プレーンヨーグルト	50g
グラニュー糖	40g
生クリーム	100ml
粉ゼラチン	3g
レモン汁	小さじ1
パクチー（茎・葉）	2株
キウイソース（下記参照）	適量

1. クリームチーズは常温に戻す。パクチーは5mm幅に切る。

2. ボウルにクリームチーズ、ヨーグルト、グラニュー糖を入れてなめらかになるまで混ぜる。

3. 生クリーム(50ml)と粉ゼラチンを鍋に入れ、弱火でゼラチンを溶かしたら2のボウルにうつし、残りの生クリーム、レモン汁を入れる。氷水を入れたバットの上などでボウルを冷やしながら、とろみがつくまで混ぜ、パクチーを入れて混ぜ合わせる。

4. 容器に3を流し入れてラップをし、冷蔵庫で2時間ほど冷やす。

5. 4が固まったら、食べる食前にキウイソースをかける。

パクチーMemo

・ソースは食べる直前にかけてください。一緒に入れて冷蔵庫で冷やすと、キウイの成分でレアチーズケーキが固まらない場合があります。

キウイソースの作り方

材料（2個分）

キウイ	1個（80g）
お湯	10ml
グラニュー糖	10g
レモン汁	小さじ1

1. キウイの皮をむく。お湯にグラニュー糖を入れて溶かす。

2. フードプロセッサーにすべての材料を入れ、30秒ほど攪拌する。

Phak Chi Ice Cream Mixed Berry Sauce

パクチーアイスクリーム ベリーソース

アイスクリームの甘さの中に
パクチーの風味が鼻を抜ける絶妙な味わい。

材料　2個分

バニラアイス（市販品）	200g
プレーンヨーグルト	大さじ4（60g）
レモン汁	小さじ1
パクチー（茎・葉）	2株
ベリーソース（右記参照）	適量

1 バニラアイスは混ぜられるほどの柔らかさまで常温に置く。パクチーは5mm幅に切る。

2 ボウルにバニラアイス、ヨーグルト、レモン汁、パクチーを入れて混ぜ合わせ、保存容器に入れて2時間ほど冷凍庫で冷やす。固まったら、熱いベリーソースをかける。

ベリーソースの作り方

材料		
（2個分）	ミックスベリー（冷凍）	80g
	水	20ml
	グラニュー糖	15g
	ピンクペッパー（なくても可）	6粒

1 鍋にすべての材料を入れ、弱火で10分ほど煮詰めたら、ベリーの形が残っている状態で火を止める。

Walnut, Coconut & Phak Chi Scones

くるみとココナッツの パクチースコーン

パクチーをほのかに感じる焼き菓子。
パクチー初心者にもおすすめ。

材料　4個分

A	薄力粉	100g
	グラニュー糖	15g
	ベーキングパウダー	小さじ1
	塩	小さじ1/4
	パクチー（茎・葉）	5株
	バター	25g
	生クリーム	100ml
	くるみ	50g
	ココナッツパウダー	5g

1　Aをすべてフードプロセッサーに入れ、10秒ほど撹拌する。冷蔵庫で冷やしたバターを4等分し、水気をきったパクチーを3cm幅に切り、一緒にフードプロセッサーで20秒ほど撹拌する。

2　1をボウルにうつし、くるみ、ココナッツパウダーを入れ、フォークなどで軽くまぜながら、生クリームを3回に分けて入れ、ひとまとめにする。（粉がまだ少し残っているくらいでこねすぎない）

3　台に薄力粉で打ち粉（分量外）をし、三角形になるよう4等分に包丁で切る。クッキングシートをしいた天板にのせ、170℃に予熱したオーブンで30分ほど焼く。

Phak Chi Ginger Lemon Squash
パクチージンジャーレモンスカッシュ

ジンジャーの辛さとレモンの酸味に
たっぷりのパクチーが爽快なスカッシュ。

材料　2杯分

パクチー（茎・葉）	1株
パクチージンジャーシロップ（下記参照）	大さじ4
炭酸水	500ml
氷	適量

1　パクチーは2cm幅に切る。

2　グラスにパクチージンジャーシロップ、炭酸水、氷を入れ、パクチーを盛り、ストローなどでよく混ぜる。

パクチージンジャーシロップの作り方

材料　（作りやすい量）

レモン	2個
しょうが	100g
三温糖	100g
水	300ml
A ┌ コリアンダーパウダー	小さじ1/3
├ シナモンパウダー	小さじ1/4
└ クローブパウダー	小さじ1/4

1　レモン1個半はしぼってレモン汁に、残り半分は2mm幅に薄切りする。

2　しょうが、三温糖、水をフードプロセッサーで30秒ほど攪拌する。

3　鍋に2とAを入れ、三温糖が溶けるまで弱火で煮る。粗熱がとれたら容器にうつし、レモン汁と薄切りレモンを入れて冷蔵庫で2時間ほど冷やす。

Phak Chi
Green Smoothie
パクチーグリーンスムージー

アボカドの濃厚さとりんごの甘みの中に
パクチーをさりげなく感じる一杯。

材料　2杯分

パクチー（茎・葉）	5株
アボカド	1/2個（40g）
りんご	1/3個（80g）
水	200ml
はちみつ	小さじ2
ライム汁	小さじ1

1 アボカドは3cm幅に切る。りんごは皮とタネを取りのぞき、3cm厚に切る。

2 材料をすべてミキサーに入れ、1分ほど攪拌する。

Phak Chi
Purple Smoothie
パクチーパープルスムージー

ザクロとぶどうにパクチーを合わせた
ビタミンたっぷりの健康ドリンク。

材料　2杯分

パクチー（茎・葉）	5株
紫キャベツ	1/8玉（50g）
ぶどう	12粒
ザクロジュース	400ml

1 紫キャベツは芯を取り、一口サイズに切る。ぶどうはタネを取る。

2 材料をすべてミキサーに入れ、1分ほど攪拌する。

エダジュン

パクチー料理研究家・管理栄養士。1984年東京生まれ。
管理栄養士取得後、株式会社スマイルズ入社。SoupStockTokyoの本社業務に携わり、2013年に独立。家で作れるエスニック料理とパクチーを使ったレシピを日々研究中。現在は、各種雑誌・WEB媒体レシピ・コラムの掲載、メーカーの商品開発や飲食店のメニュー開発なども行う。"パクチーボーイ"名義でも活動中。本書は自身初となるレシピ本。
https://www.instagram.com/edajun/

クセになる！ パクチーレシピブック
2016年6月5日　第1刷

著者　エダジュン
アートディレクション＆デザイン　山本知香子
デザイン　小林幸乃、宮下可奈子、おのみさ（山本デザイン）
写真　佐藤朗
スタイリング　小坂桂
調理アシスタント　磯村優貴恵、緑川鮎香
英文翻訳協力　飯島尚子
校正　櫻井健司
小物協力　UTUWA
撮影協力　ハウススタジオ 白金台 HAVEN
http://h3shirokanedai.wix.com/info
h3shirokanedai@gmail.com

発行人　井上肇
編集　熊谷由香理
発行所　株式会社パルコ　エンタテインメント事業部
　　　　〒150-0042　東京都渋谷区宇田川町 15-1
　　　　電話　03-3477-5755
印刷・製本　株式会社加藤文明社

Printed in Japan
無断転載禁止

©2016 EDAJUN
©2016 PARCO CO.,LTD.
ISBN978-4-86506-172-7 C2077

落丁本・乱丁本は購入書店を明記のうえ、小社編集部あてにお送り下さい。
送料小社負担にてお取り替えいたします。
〒150-0045　東京都渋谷区神泉町 8-16　渋谷ファーストプレイス　パルコ出版　編集部